合作的企业网络

基于人类行为的视角与方法

陈 博◎著

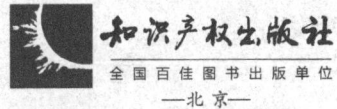

图书在版编目（CIP）数据

合作的企业网络：基于人类行为的视角与方法/陈博著.—北京：知识产权出版社，2022.10

ISBN 978-7-5130-8355-3

Ⅰ.①合… Ⅱ.①陈… Ⅲ.①企业管理—经济合作—研究 Ⅳ.①F273.7

中国版本图书馆CIP数据核字（2022）第170708号

内容提要

本书从介绍网络、网络经济和企业网络等核心概念入手，强调企业网络在经济发展过程中的重要性；借助博弈论工具对企业网络进行人类行为视角的解读，奠定后续章节的逻辑基础；分析企业网络存在的可能性和合理性，揭示其合作的本质特征；介绍企业间各种合作网络的具体形式和优势；对企业在网络中的定位和演化进行研究；对企业如何构建网络及其边界进行分析；对企业合作网络的竞争优势和未来趋势进行介绍。全书贯彻一种思想，即将网络作为一种策略、一种行为，重在研究网络化的过程，而不是网络化的结果。

读者对象：各级政府中有关企业经济管理的政策制定部门人员、各类型企业中掌握企业发展方向的高层管理人员，以及对企业网络、人类行为相关问题感兴趣的研究者、学生等人员。

责任编辑：张利萍		责任校对：潘凤越	
封面设计：回归线（北京）文化传媒有限公司		责任印制：孙婷婷	

合作的企业网络：基于人类行为的视角与方法

陈博 著

出版发行：知识产权出版社有限责任公司	网　　址：http://www.ipph.cn
社　　址：北京市海淀区气象路50号院	邮　　编：100081
责编电话：010-82000860转8387	责编邮箱：65109211@qq.com
发行电话：010-82000860转8101/8102	发行传真：010-82000893/82005070/82000270
印　　刷：北京虎彩文化传播有限公司	经　　销：新华书店、各大网上书店及相关专业书店
开　　本：720mm×1000mm　1/16	印　　张：11.75
版　　次：2022年10月第1版	印　　次：2022年10月第1次印刷
字　　数：180千字	定　　价：69.00元
ISBN 978-7-5130-8355-3	

出版权专有　侵权必究

如有印装质量问题，本社负责调换。

前 言

以亚当·斯密（Adam Smith）为代表的传统经济学认为，竞争可以实现效率的帕累托最优，即个体利益与集体利益之间总是一致的。然而，在"囚徒困境"中，个体对自身利益的追求最终导致了并非集体最优的纳什均衡（坦白，坦白），从而揭示出个体利益与集体利益之间的冲突特性，即个体理性并不总是意味着集体理性，这无疑是对斯密"看不见的手"原理的巨大挑战。"囚徒困境"的出现虽然并未完全否定竞争机制的积极作用，但必然引起人们对其地位的质疑。如果竞争机制无法导致集体的帕累托最优，那么究竟应该采取哪种策略来实现帕累托改进呢？合作策略或许是唯一具有可行性的选择。在现实的经济生活中，合作的层次多种多样：有个人之间的合作，有组织之间的合作，有国家之间的合作。但是，不管是哪种层面的合作，其背后的运作机理都是相同的。本书重点从企业层面对合作策略进行研究，而且侧重的是结果角度，而不是动机角度，因为从动机角度来研究合作策略往往涉及心理学和生物学等领域的知识，虽然这些领域的研究同样非常重要，但并不是本书的研究对象。

企业网络是现实经济活动中非常常见的一种组织形式，主要体现了企业之间的合作关系，而非传统的竞争关系。许多学者对其都进行了深入研究，比如：李维安研究了网络组织、杨瑞龙比较了网络与市场、企业的不同、刘东比较分析了企业网络类型等，而本书试图从一个全新的角度，用一种全新的方法对企业网络进行探索与研究，即人类行为的视角与方法。所谓人类行为的视角，是指借鉴米塞斯的经济学思想，即任何复杂的经济活动都可以逐步分解为一个个具体的人类行为，而企业网络作为一种经济活动的产物，同样可以从人类行为的视角来进行分析。所谓人类行为的方法，则是指博弈论方法，因为在企业网络中存在许多相互影响和相互依赖的变量，而经济分析不仅要分析个别企业的自利决策，还要研究众多企业自利行为之间的冲突及其交互作用，企业网络的这种特征使得博弈论成为分析企业网络的必要工具。下面对本书的主要框架做一简要介绍。

绪论、第1章和第2章是本书对开展企业网络相关研究的铺垫。绪论主要介绍四个方面的问题：研究对象的确定、研究方法的选择、可能的创新点和研究的意义；第1章主要从社会学和经济学两个角度介绍国内外相关学者在社会网络和企业网络等方面的研究现状；第2章介绍本书中的三个核心概念，即网络、网络经济和企业网络，对这三个概念的比较与分析是后续章节展开研究的基础，也对企业网络的重要性作出进一步的强调。

第3章主要介绍企业网络的人类行为学基础。任何复杂的经济活动都可以简化为个人行为之间的关系，所以从人类行为角度入手来分析企业网络具有可行性和现实性。人类行为具有目的性、相互性与合作性，人类行为的目的性体现在基于不同目的的网络选择；人类行为的相互性体现在企业网络成员之间的相互作用，以博弈论对此进行分析最为合适；人类行为的合作性是企业网络存在的基础，包括两个方面的内容，即主动性合作与被动性合作。本章主要是用博弈论这一分析工具对企业网络的适用性进行解释说明，所以是以后各章存在的逻辑前提。

第4章主要介绍企业网络的形成机理。本章重点研究企业网络为什么会形成，即不同企业为什么会以合作网络的形式出现，而不是一味地进行竞争。主要从两个方面来进行介绍：一是传统的非合作行为的分析，即假设企业之间是竞争关系，企业追求自身利润的最大化，这种假设符合传统主流经济学的要求。在此主要运用博弈论当中的非合作博弈理论对企业之间的竞争过程及导致的最终合作结果进行博弈分析。二是合作行为的分析，即假设企业之间是合作关系，企业追求的不仅是自身利润的最大化，而且

前言

还会追求社会公正和社会公平等一些非经济指标,而在这个方面主要应用博弈论当中的合作博弈理论来进行分析。结果显示,不管是竞争行为的分析,还是合作行为的分析,都将最终导致企业之间的合作均衡结果,即导致企业之间合作网络的产生。

第5章主要从网络层次研究企业网络的演变。本章重点介绍企业网络合作的具体形式。在经济活动当中存在不同程度的不确定性风险,而不确定性带来组织形式的不断变化,也导致了企业获得利润的可能性。网络作为一种组织经济活动的方式能够有效地降低企业在经营过程中所面临的不确定性,所以企业网络的兴起是组织形式演变的必然过程。在行业不同的发展阶段,企业所构建的网络是不同的,比如:从初期的研发网络和标准化网络,到成熟时期的纵向网络和方案网络,再到衰退时期的横向网络。不同的网络所具有的功能是不同的,这是分析这些网络类型的意义所在。

第6章主要从企业层次研究企业网络的定位。针对企业网络中的不同角色,即企业网络定位,本章从博弈论的角度进行分析,为企业的生存与发展提供指导。不同网络类型具有不同的经济功能,所以企业必须结合自身的组织目标来选择合适的网络层次战略。单个企业所面对的问题是如何在具体的某一类型网络之中确定自己最优的网络位置,进而获得预期的网络收益,这是从企业层次对网络策略进行分析。企业的网络定位也就是战略角色的选择,选择合适的位置对单个企业的行为策略和网络整体绩效的提高具有重要作用。本章主要介绍三种网络角色及其比较,并对角色之间的博弈与均衡进行深入分析。

第7章主要介绍企业网络的构建及其边界。一旦企业选定了参与的网络类型并确定了自己的网络定位,那么接下来要做的就是去构建一个优秀的、系统的企业网络,进而通过网络的构建这一行动过程去实现前两个阶段的战略意图。影响网络构建的因素主要有:网络关系的强度、网络规模、成员类型、网络控制模式和网络密度。网络构建就是在确定网络类型和网络角色的前提下,去设置影响因素的取值范围。此外,本章还对企业网络的边界进行深入分析,其受到企业能力、资产专用性、不确定性和网络联盟值的影响。

第8章主要介绍企业网络的竞争优势及发展。主要对企业网络的经济价值进行分析说明，阐述企业网络的优势所在，即企业为什么要建立网络。企业网络的产生有着深厚的社会与经济背景。现代经济中消费者的个性化需求拉动了企业网络的产生，是企业网络必要性的体现；因特网等IT技术的广泛发展为企业网络的产生奠定了技术基础，推动了企业网络的深入发展；知识经济的出现使经济的增长方式从粗放型转变为集约型，企业网络作为一种现代的组织形式必将超越企业与市场，成为主导的经济协调方式。

本书第9章介绍研究得出的主要结论，指出本书存在的不足和后续可能的研究方向。

纵观全书，其中第2章与第3章是基础，第4章、第5章、第6章和第7章是核心，第8章是展望，这就是各章节之间的逻辑关系，而第4~第6章之间的关系是：第4章主要分析合作的原理，即企业网络存在的可能性和合理性，合作性是企业网络存在的基础；第5章主要分析企业网络的演变；第6章主要研究企业网络角色的定位及其进化的均衡结果。总之，全书贯彻一种思想，即将网络视为一种策略、一种行为，重在研究网络化的过程，而不是网络化的结果。

目录

绪 论 ……………………………………………… 001

0.1 问题的提出 / 001
- 0.1.1 以竞争为前提的传统经济学 / 001
- 0.1.2 以合作为基础的企业网络 / 003
- 0.1.3 企业网络的出现 / 005

0.2 研究方法 / 008
- 0.2.1 实证分析法与规范分析法 / 008
- 0.2.2 静态分析法与动态分析法 / 008
- 0.2.3 定性分析法与定量分析法 / 009
- 0.2.4 博弈分析法 / 009

0.3 创新点及研究意义 / 010
- 0.3.1 研究内容创新 / 010
- 0.3.2 研究方法创新 / 012
- 0.3.3 理论意义与实践意义 / 013

第1章 国内外相关研究现状 ……………………………………………… 015

1.1 市场与企业 / 016

1.2 社会学中的网络研究 / 017
- 1.2.1 格兰诺维特:"弱关系"的力量 / 018
- 1.2.2 伯特:"结构洞"理论 / 019
- 1.2.3 林南:社会资源理论 / 021
- 1.2.4 波兰尼:"嵌入"理论 / 021

1.3 经济学中的网络研究 / 022

　1.3.1 国外学者关于企业网络的研究 / 022

　1.3.2 国内学者关于企业网络的研究 / 026

1.4 三种协调方式的比较 / 029

小　结 / 030

第2章　网络、网络经济与企业网络 ……………………………… 033

2.1 网络定义 / 034

　2.1.1 数学定义 / 034

　2.1.2 社会学定义 / 036

　2.1.3 经济学定义 / 037

2.2 网络经济及其推动力 / 038

　2.2.1 网络经济学辨析 / 039

　2.2.2 网络经济推动力 / 040

2.3 企业网络 / 042

　2.3.1 企业网络的背景 / 043

　2.3.2 企业网络的类型 / 046

2.4 公司规模与企业网络 / 049

小　结 / 050

第3章　企业网络的人类行为学基础 ……………………………… 052

3.1 新古典经济学与奥地利学派经济学的相关研究 / 053

3.2 人类行为的目的性 / 055

　3.2.1 目的的多样性与"经济人"假设 / 055

　3.2.2 理性与非理性 / 056

3.3 人类行为的相互性 / 059

　3.3.1 物理学中的相互作用 / 059

　3.3.2 经济学中的相互作用 / 061

3.4 人类行为的竞争性与合作性 / 062

　3.4.1 竞争与合作 / 062

　3.4.2 合作的种类 / 063

目　录

3.4.3　合作的产生 / 064

小　结 / 065

第4章　企业网络的形成机理分析 …………………………………… 067

4.1　非合作博弈 / 068

4.1.1　合作的前提 / 068

4.1.2　合作的形成 / 070

4.2　合作博弈 / 077

4.2.1　合作博弈理论 / 077

4.2.2　联盟与企业网络 / 078

4.3　如何促进合作 / 080

4.3.1　提高贴现因子 δ 的值 / 080

4.3.2　改变博弈收益 H、C、D 和 L 的值 / 082

4.3.3　道德的培养与法律的干涉 / 082

小　结 / 084

第5章　企业网络的演变：基于行业生命周期 …………………………… 085

5.1　不确定性与组织形式演变 / 086

5.1.1　不确定性的定义 / 086

5.1.2　不确定性与组织形式的演变 / 088

5.2　基于行业生命周期的企业网络演变 / 092

5.2.1　行业生命周期与企业网络 / 092

5.2.2　企业网络类型及其分析 / 095

小　结 / 109

第6章　企业网络成员的定位：角色选择与进化博弈 …………………… 110

6.1　企业网络成员三种角色的比较 / 110

6.1.1　一般成员 / 111

6.1.2　连接者 / 112

6.1.3　指挥者 / 112

6.1.4　网络位置选择的制约因素 / 113

6.2　企业网络成员的进化博弈分析 / 113

6.2.1 进化论与博弈论 / 114

6.2.2 成员类型进化博弈分析 / 115

6.2.3 理性博弈与进化博弈的比较 / 122

6.3 企业网络成员的利益分配 / 125

6.3.1 公平的分配 / 126

6.3.2 核心成员与非核心成员的夏普利值 / 126

小 结 / 129

第7章 企业网络的构建及其边界 ………………………………………… 131

7.1 企业网络构建的变量组合 / 131

7.1.1 企业网络设计三原则 / 131

7.1.2 企业网络结构变量 / 133

7.2 企业网络的边界与群动性 / 140

7.2.1 企业网络边界 / 140

7.2.2 企业网络的群动性 / 146

小 结 / 149

第8章 企业网络的竞争优势及发展 ……………………………………… 151

8.1 企业网络的竞争优势 / 151

8.1.1 分工与竞争优势 / 151

8.1.2 柔性战略与竞争优势 / 154

8.1.3 组织学习与竞争优势 / 156

8.2 企业网络的发展 / 158

8.2.1 个性化需求与企业网络 / 158

8.2.2 信息通信技术与企业网络 / 159

8.2.3 知识经济与企业网络 / 161

小 结 / 163

第9章 结论、不足及后续研究问题 ……………………………………… 165

9.1 主要结论 / 165

9.2 不足及后续研究问题 / 168

参考文献 ………………………………………………………………………… 170

绪 论

0.1 问题的提出

0.1.1 以竞争为前提的传统经济学

经济学理论的发展经历了古典经济学、新古典经济学、不完全竞争经济学、宏观经济学以及制度经济学等主要发展阶段。虽然每个阶段的经济理论都提出了全新的经济问题或研究视角,比如:古典经济学对自由竞争的推崇、新古典经济学对边际思想的引入、不完全竞争理论对理想市场的突破以及宏观经济学对研究领域的拓展,但在传统的经济理论当中总有一些核心的内容保持不变,这就是主流经济学理论的"硬核"。"硬核"是由英国科学哲学家伊姆雷·拉卡托斯(Imre Lakatos)提出的一个非常著名的哲学概念。拉卡托斯(1970)将一份研究纲领或范式分为两个组成部分:纲领的不变的"硬核"(hard core)和它可变的"保护带"(protective belt)。"'硬核'是科学家已经承认的无可辩驳的事实,这事实是纲领或范式的一部分;'保护带'是指当某种假说被验证和反驳时,范式中具有伸缩性的那部分。"❶ 运用拉卡托斯的哲学观点来分析新古典经济学可知:稳定性偏好、理性选择和均衡结构三者构成了其"硬核",而主体所面临的环境约束、主

---

❶ 拉卡托斯. 科学研究纲领方法论[M]. 兰征,译. 上海:上海译文出版社,2016:56.

体所拥有的环境信息和特定的相互作用的方式构成了其"保护带"。

由于主流经济学是在新古典经济理论的基础上建立和发展起来的，所以主流经济学的核心内容，或者说其范式与"硬核"坚持了新古典经济学的传统，始终坚持在相关假设的前提下进行分析研究，并拓展已有理论。[1] 这些理论中发展改变的只是范式当中的"保护带"：不完全竞争经济学突破了完全竞争的理论假设，改变了经济主体面临的环境约束，属于"保护带"的改变；数理经济学则把数学工具引入了经济学的研究，从而更严谨地解释了经济现象；福利经济学属于规范经济学的研究，分析效率背后的公平，多涉及社会问题；凯恩斯学派开拓了宏观经济这一全新的经济学研究领域；芝加哥学派则探讨了经济活动中相互作用的方式。但无论哪个流派，从"保护带"的哪一部分进行研究，都是以市场竞争作为经济协调方式而开展的。

竞争是传统主流经济学理论中的核心概念之一。在市场经济活动中，竞争是市场合理配置各种资源的前提条件之一，而且市场的高效运行也依赖于充分的竞争。竞争是市场经济的核心特征，市场经济从本质上来说是竞争的经济。经济活动当中的竞争与生物学中的生存竞争有诸多相似之处，所以可以类比二者。生物学意义上的竞争是生物个体之间为争夺有限的生存所依赖的自然资源而产生的相互作用，而竞争的目的在于生存，手段在于不断适应外部环境，作用在于促进生物体的进化。竞争既可能发生在不同群体的个体间，也可以发生在同一群体的个体间，而经济学意义上的竞争是指经济主体在市场中进行的追求最大化利益的经济活动。由于经济主体之间的利益一般是相互冲突的，所以它们之间的竞争是零和博弈，表现为主体之间不断较量的过程。竞争有利于遏制厂商获取超额利润，迫使其只能得到平均利润，并促使其竭尽全力地提高产品质量、降低产品价格，最终更好地满足消费者需求。

此外，传统的经济理论以利润最大化为基本假定来分析企业的行为与

---

[1] 比如：关于人的基本假设就经历了从古典经济学的"经济人"到新古典的"理性人"，再到西蒙提出的"有限理性人"，虽然称谓有所变化，但是这些假设在本质上都是相同的，即承认人的理性和自利。

策略，并通过构建数理模型来量化分析过程。企业只是单纯地追求最大化的利润，故企业的最优选择是只考虑产品的价格因素而忽视了其他企业行为的影响（企业之间的这种影响是相互的）。当行业是寡头垄断的市场结构时，情况便发生了变化，企业行为之间的相互作用变得比较突出，企业此时必须密切注意竞争对手的市场反应，并进行一些相关的预测。在企业的决策过程中竞争对手的行为和反应就成为不可或缺的变量。因此，在构建相关的经济模型时，不能忽视企业行为之间的相互作用，只有充分考虑企业之间的互动性，才能够避免集体非理性的后果，而这些经济后果恰恰是由单个企业的所谓理性行为造成的。个人理性行为可能导致集体非理性后果，而博弈论的出现为研究个体或经济组织行为之间的相互作用提供了有效的工具。

0.1.2 以合作为基础的企业网络

从经济学研究的角度来看，传统经济学以市场竞争机制为其理论核心，而主要的研究对象是以自我利益最大化为目标的个人或者经济组织，行为人均被假定为"经济人"，所以个人之间或组织之间的合作从未被纳入主流经济学的研究范围。然而，当今社会是一个竞争与合作不断融合、不断升级的社会，简单与过度的竞争不但无益，更会危害各方利益。在《国富论》中，亚当·斯密把市场竞争机制视为"看不见的手"，而合作就如同一只"看得见的手"调节着人类行为之间的相互作用，争取获得最大的利益。人类社会经济的发展历程表明，合作对人类文明的发展、进步与存续起着至关重要的作用。合作也是人类区别于其他动物的显著标志之一，虽然自然界之中的少数动物在同一种群内也会采取合作的行为，但动物的这种简单合作行为与人类的合作行为在合作动机、合作质量、合作方式及合作的持久性上都存在本质的区别。可以说人类赖以存在和发展的基础便是人与人之间的合作行为，自产品生产出现以来，几乎任何一件产品的产生都是人们密切合作的结果。伟大的经济学鼻祖斯密从制针工厂中发现了专业化和劳动分工，而不同工序之间的协作生产便是一种简单的合作。他认为劳动分工不仅可以提高劳动生产率，而且对劳动者整体素质的提高也有很好的促进作用。制针的所有工序完全可以由一位工人单独来完成，但斯密通过比较发现，让每位工人分别完成一道工序的效率是让工人从头至尾完成所有工序的效率的一千倍，这便是合作产生的力量。合作避免了转换工作岗位所需要的时间，提高了工人操作的熟练程度，促进了相关技术的创新与发明。所以，合作程度的高低是社会进步和人类文明的衡量标准之一。

企业之间的合作便是合作的人类行为的具体表现形式之一，它也是顺应社会与经济的发展而凸显的。随着经济全球化趋势的加剧和科学技术的快速发展，企业的生存环境和生存方式发生了重大变化，传统的经济活动组织协调方式已不能适应快速变化的经济环境。在现代的经济社会中，企业的生存环境由为数众多的其他企业或相关组织构成，企业的运作离不开其他组织的活动，组织之间存在着密切的相互作用，越来越多的企业认识到企业之间的经济关系不是单纯的竞争，而是相互依存的竞争与合作的融合。企业之间的关系正朝着群体互动的网络化方向发展。

企业合作网络是伴随经济与社会的逐步发展出现的，网络已经成为协调经济活动的主导方式，它介于企业与市场这两种极端的协调方式之间。企业网络以企业之间的合作行为为前提，只有克服过度的竞争，才能实现整体经济利益的帕累托改进。"囚徒困境"是博弈论当中非常著名的一个游戏。在这个游戏中，有两个参与方，他们面临合作和背叛两个选择，游戏的前提是双方均不知道对方的选择，而博弈的结果是：无论对方作出什么选择，自己选择背叛总能比选择合作获得较高的收益。所谓"困境"是指，"如果双方都选择背叛，其结果比双方都合作要糟"。❶ "囚徒困境"最终说明个人对自身利益的追求将损害整体利益，个人理性并不导致集体理性，而斯密认为有一只看不见的手引导着个人的自利行为，从而形成社会福利。"囚徒困境"的结论与斯密"看不见的手"的理论不一致，这促进了对"经济人"之间经济行为的相互作用进行更为深入的研究。个体之间相互作用的方式有竞争和合作两种，传统的经济学理论认为竞争不但能使个人利益

---

❶ 阿克塞尔罗德. 合作的进化 [M]. 吴坚忠, 译. 上海：上海人民出版社, 2017：6.

获得满足，更能通过"看不见的手"来促进社会利益，而"囚徒困境"的出现推翻了这一论断。个体对自身利益的盲目追求导致整体利益的损失，而合作却能带来更多的整体利益。所以，合作在经济活动中有其存在的必要性，可以通过对"囚徒困境"的分析与改进，促进相互作用个体之间的合作，实现帕累托改进。企业为经济活动的基本组成单元，企业之间的竞争与合作关系同样符合"囚徒困境"的逻辑。企业之间的盲目竞争导致两败俱伤，而适度合作成为企业生存与发展的必然选择，企业网络便是企业之间进行合作的具体表现形式。企业网络的基础与核心在于合作，没有合作也就没有企业网络，企业网络是合作的企业网络。

合作是企业网络的内在基础，博弈论是符合企业网络组织特征的分析工具，所以运用博弈理论对企业网络的合作机理、企业网络的合作形式和企业网络的定位进行研究是洞悉企业网络内在逻辑的必然选择。本书的目的在于建立一套企业网络合作理论，以帮助理解企业网络合作出现的必要条件与企业网络合作的具体形式，从而可以采取适当的行动来培育某个特定环境下的企业网络合作。

0.1.3 企业网络的出现

伴随经济、社会的演变与发展，企业嵌入到企业网络当中的程度不断加深。对企业的认识不能停留在把它视为一个单一的经济实体上，而应该进一步考虑企业背后的企业联盟、虚拟企业等不同具体形式的企业网络，因为这些才是一个企业真正的实力体现，也就是说一个企业的能力不仅体现在自有资源的多寡，更体现在它能够调动多少资源。事实上，企业网络在现代经济体系当中的重要地位不断凸显，进而已经成为一种独立的与市场和企业并行的经济活动组织形式。协调经济活动的主要形式已经不是传统的市场或科层组织，而是企业网络。

企业网络的出现和形成，需要一定的外部经济环境，也就是说企业网络是一个概括性的、前瞻性的概念，它并不是突然出现的，而是一个循序渐进的过程。自从现代企业刚刚出现之时起，企业之间就存在着密切的伙伴合作关系，这种关系超越了市场，是企业网络的雏形。随着外界环境的不断变换，企业之间的这种关系不断得到加强，企业网络的新模式不断涌现，所以说企业网络是一个发展的概念。外在环境中的各种因素与企业内的各种动因相互作用而形成了各种企业网络，并影响了企业网络的发展。经济因素是外在环境各种因素中的主导因素，是企业网络产生与发展的基础与平台。"经济环境的变化对企业网络的发展起到了巨大的推动作用，其中比较突出的方面包括：经济全球化、市场需求的变化和网络经济的繁荣。"❶

（1）经济全球化

第二次世界大战以后，世界政治和经济格局发生了重大变化，国与国之间的经济实力的较量逐渐代替了政治、军事的斗争。战争之后，国际分工和国际贸易的出现和发展改变了国家之间的经济关系，各国之间不仅是经济活动中的竞争者，更是合作伙伴，一个全新的经济格局逐渐形成。虽然各国或各地区之间仍然存在诸多的政治和经济差异，独立性依旧明显，但国家或地区之间通过商品购买、劳务输出、技术交流、资金来往等方式，以及跨国公司的纽带作用，已经形成了一个世界经济体系。

经济全球化趋势的不断加剧首先体现在国际贸易额和国际投资量的不断增长上。20世纪60年代，全世界贸易额占全世界国民生产总值的比重为7%，70年代增长为8%，90年代为20%以上。由此可见，世界经济一体化的趋势越来越明显了，而且国际分工也呈现出新的特点：一是产品的分工更加细致，从以前的产品专业化生产到零部件的专业化生产，甚至到工艺流程的专业化；二是产品分工的领域不断扩大，产品的分工不再局限在一国之内，而是延伸到几个国家甚至几十个国家，哪里有最廉价的资源，哪里就会有相应的分工。国际分工的不断发展，使得国家之间的相互依赖性和合作性日益密切。

世界经济一体化也影响着人们的日常生活。在商店人们可以买到许多国家的产品，人们也在为许多跨国公司工作，我国的企业也在走出国门，面对国际竞争对手的挑战。企业的经营环境也不再是地区性的，而是面向

---

❶ 李维安. 网络组织：组织发展新趋势 [M]. 北京：经济科学出版社，2003：12.

世界，面向全球的。在这样一种外界环境中，单个企业面临着巨大的压力，面对的不确定性不断增强，经营风险也不断加大。因此，许多企业采取结盟的组织形式，形成企业网络，降低风险，共同面对环境的挑战。

（2）市场需求的变化

市场需求是企业生产的出发点和最终的归宿，而在当今的经济条件下，由众多消费者组成的市场已经发生了非常明显的变化。首先，企业与消费者之间的关系发生了实质性变化，优势逐渐掌握在消费者手中，这主要是因为生产技术的不断更新、发展，企业的生产效率得到提高，从而产品的供应不断增加，最后导致买方市场的出现。其次，消费者需求呈现出个性化与多样化。社会文化的发展使得人们在消费偏好上表现出差异化和快速替代的特征，消费者的消费观念发生了显著变化，个性化消费成为人们追逐的焦点，消费行为也呈现出多样化。最后，消费者对服务水平的重视不断增强。大量成功的企业案例表明，生产或制造等传统利润源泉在现代企业中失去了其核心地位，现代企业的经济利润更多源于研发、策划、营销、服务等一系列非生产性环节。市场中的这些变化使传统的经济活动协调方式难以适应，难以取得较好的经济效果。企业在面对这些市场变化时开始采取网络这种全新的组织模式。企业网络使企业与消费者、相关组织之间保持密切的联系，充分了解消费者的需求状况，生产多样化的产品和服务，满足多样化的需求，进而适应快速变化的市场环境，而单个企业往往很难做到这点。

（3）网络经济的繁荣

"网络经济以信息产业为基础，以知识智慧为核心，以网络信息为依托，采用最直接的方式拉近服务提供者与服务目标之间的距离。"❶ 网络经济是一种全新的经济现象，是在特殊的社会和经济条件下产生的，而因特网等计算机科学技术的繁荣是网络经济的技术基础。信息网络的发展不仅对传统经济活动当中的生产、交换、分配和消费等经济活动存在影响，而且对生产者、消费者、金融机构和政府职能部门的经济行为产生作用。在

---

❶ 李维安. 网络组织：组织发展新趋势 [M]. 北京：经济科学出版社，2003：16.

网络经济形态下,传统经济行为的网络化趋势日益明显,网络成为企业进行生产与交流的主要手段。在网络经济条件下,经济组织的组织结构由科层式向网络式发展,企业之间不再有严格的等级划分,每个企业都是与其他企业保持密切联系的网络上的结点之一,组织结构是以任务为导向的。

0.2 研究方法

0.2.1 实证分析法与规范分析法

在现代西方经济学中,实证分析是最基本的研究方法之一,而对企业网络的研究也必须借助这一传统的经济学研究方法。实证分析主要回答经济现象"是什么",或研究经济问题"实际是如何解决的",是一种经验研究。也就是说,实证分析主要通过对历史和现实诸多变化的考察,从中总结出有关的规律性结论,并在此基础上,形成相关的经济学体系。[1] 实证分析不问好坏,没有价值判断,只是对事件发生所必需的外在条件进行研究。实证分析一般情况下先对基本经济环境作出一些假定,然后通过严格的逻辑推理得出均衡结果,最后将逻辑结果与现实的经济现象、经济数据进行比对,找出差距并修正理论。规范分析研究经济活动"应该是什么样的"或者经济问题"应该如何解决",也就是说有关经济理论研究和判断的得出都以一定的价值标准为基础,例如,福利经济学就是一种规范分析,它涉及财富的公平分配,所以价值标准不同就会形成不同的价值判断和经济理论,塑造不同的经济学流派。

0.2.2 静态分析法与动态分析法

所谓静态分析,考察研究对象在某一时点的现象和本质问题。"当这种方法被用于分析比较处于不同发展阶段的研究对象在同一时点上或者研究某一对象在同一时刻内部结构的数量指标时,它又被称为横截面分析。"[2]

---

[1] 张铭洪. 网络经济学教程 [M]. 北京:高等教育出版社,2008:15.
[2] 张铭洪. 网络经济学教程 [M]. 北京:高等教育出版社,2008:16.

虽然静态分析是动态分析的基础和起点，但企业网络理论的主要研究方法不是静态分析而是动态分析，重点在于分析企业网络基于产业成长的动态演变过程，解析企业网络随着时间的推移所显示出的各种演变的规律，特别是企业网络类型在发展过程中出现的动态变化及其影响因素。在统计学中，这种分析方法又称时间序列分析。企业网络理论大都是综合运用静态分析与动态分析的研究结果。

0.2.3 定性分析法与定量分析法

企业网络是一个非常复杂的经济组织，它由数量不等的各种各样的企业组成，涉及众多经济因素和纷繁复杂的经济关系，比如：企业的规模、企业的文化、企业的策略等。要深刻分析企业网络的合作本质和企业网络的运行机理，一方面，要对企业网络进行深入的定性分析，界定企业网络合作的人类行为学基础，区别不同网络合作形式之间的差异；另一方面，在分析企业网络的内在形成机理和企业合作网络的构建等问题时，需要通过构建相关模型来进行定量分析，提高研究的精确程度。

0.2.4 博弈分析法

博弈分析法是指运用博弈理论来研究企业网络中的各种问题。企业网络中的经济主体之间的交互作用不断加强，企业的决策行为受到相关联企业行为的影响。不完全竞争市场的定价、企业兼并、反垄断规制等经济学领域较早地应用了博弈理论。这一分析方法在20世纪40年代由约翰·冯·诺依曼（John von Neumann）和奥斯卡·摩根斯坦（Oskar Morgenstern）创立，后经约翰·纳什（John Nash）、赖因哈德·泽尔腾（Reinhard Selten）和约翰·海萨尼（John Harsanyi）等人的完善而趋于成熟。但是把博弈论作为一种分析企业网络的方法对数学具有很高的要求，所以到目前为止应用并不广泛。本书将对博弈论进行较广泛的运用，但尽量避免冗长庞杂的数学公式，用必要及简洁的数学语言来说明企业网络中经济主体之间的博弈过程。企业网络模型中存在许多相互影响和相互依赖的变量。经济分析不仅要分析个别企业的自利决策，还要研究众多企业自利行为之间的交互作用，这种交互作用就是经济学家常说的促进均衡的力量。企业网络的这种特征使得博弈论成为分析企业网络的首选分析工具。

0.3 创新点及研究意义

0.3.1 研究内容创新

(1) 跨学科研究与研究体系的建立

社会学视角下的网络研究主要是对社会关系的研究。社会关系是指在各种活动中广泛存在的人与人之间、企业与企业之间的联系、纽带，这些关系对人、对组织都有着明显的或潜在的影响。社会关系网络的研究重点就在于人与人之间的相互作用，这一点与传统经济学当中的"经济人"假设不同。经济学以个人主义作为哲学基础，强调个体最大化自身利益的经济过程，而社会关系网络的研究事实上是把人假定为"关系人"或"网络人"，彻底改变了新古典经济学范式当中的"理性人"假设。由于这种理论的随意性和对经济现象的形象描述，导致社会关系网络理论对企业间网络协调问题具有较强的解释能力，但缺乏相应的应用价值。此外，社会学视角下的网络分析主要关注的是普遍意义上的网络，而不仅仅是对企业网络的研究，它把各种社会和经济现象当中的网络特征抽象出来进行分析，导致了研究对象的模糊性和研究手段的描述性。企业网络的研究应该更注重于企业主动构建的网络，因为这种研究具有更重要的实践和战略意义。

从经济学的角度出发来研究企业间网络协调是源于市场和企业两种协调方式的相互作用和相互渗透，但是对网络协调方式的定位，现阶段的研究还缺乏明确的区分：有人认为网络协调模式是与企业和市场并列的第三种经济活动组织形式；有人则认为网络协调模式只是市场和企业模式在不同环境下的组合应用。企业网络的这种不清晰界定导致了现阶段对网络协调方式的研究比较杂乱，虽然研究的切入点很多：奥利弗·威廉姆森（Oliver Williamson, 1975）从交易角度分析；乔治·理查德森（George Richardson, 1972）从生产角度分析，但随意性很强，并没有形成一个完善的理论体系和研究框架，即没有形成"硬核"和与之呼应的"保护带"。而且现阶段的研究多以网络协调的优势作为分析对象，对网络协调的不足缺乏足够的认识，这可能是因为网络协调作为一种新型的组织形式吸引了太多的注意力，而让人们忽视了其背后的缺陷，这也是每种新兴理论发展过程的必经阶段。

从总体上来看，企业间网络协调是一个多学科的交叉研究领域，包括经济学、社会学、心理学、人类学、控制论、系统论等不同理论知识。跨学科的研究方法有利于对企业网络协调问题进行细致、准确的研究，增强对现实经济问题的解释力度。但是，这种研究取向也增加了构建企业网络协调一般性理论体系的难度，导致了深化网络研究的困境。参考成熟学科的成长过程，我们发现：虽然每个学科在初期阶段的研究方向都是模糊的，但是在发展过程中都逐步建立了一个连贯的系统的研究框架和理论体系，同时把其他学科的相关理论作为对这一理论主体的有效补充。企业网络协调理论的发展与成熟也必将经历这一过程。一个相对稳定、相对统一的理论研究框架对于深化研究具有重要的意义，这可以避免企业间网络协调理论研究的丛林现象。

（2）具体内容的新颖性

本书对企业网络的分析是基于人类行为学的目的性、相互性和合作性的，与传统的企业网络理论有明显的不同。传统的企业网络理论一般是在网络形成的前提下对企业网络进行描述性的分析，比如：理查德森（1972）通过比较企业生产能力的相似性和互补性来分析企业网络产生的原因，而威廉姆森（1975）则从资产专用性的高低来推断企业网络的产生。简单来说，传统的企业网络理论是一种静态分析，而本书通过类比人类行为，把企业行为作为具体的研究对象，探求了企业网络合作的人类行为学基础。企业之间的行为互动主要体现为竞争与合作，而博弈论中"囚徒困境"的产生说明竞争并不是企业之间互动的最优选择。相反，在一定条件下产生的合作成为企业生存的必然选择。本书运用博弈理论对企业网络的内在机理进行深入分析，详细阐述企业之间合作的内在逻辑与合作的建立过程。然后对企业合作网络的具体形式进行博弈论解释，对每种网络类型的特点及其产生过程进行系统分析,并突出不同企业网络之间的动态逻辑关系。接着,本书深入研究企业在企业网络中的定位,用进化博弈的方法分析企业网络内部组成结构的动态演变,为企业选择合适的网络位置提供理论基础。此外,对企业网络构建的全新角度考察也是本书主要的内容创新。

0.3.2 研究方法创新

(1) 从横向静态研究到纵向动态研究

当前关于企业网络的研究多为静态研究,有的研究网络的具体表现模式,有的从不同角度对网络的产生进行分析,但缺乏更具应用性的网络化动态研究,比如:网络模式的动态演变、网络成员之间的动态均衡等。社会经济学认为企业间的网络是一个动态演变的过程,其成员之间的关系是一种进化博弈。企业网络的运行机制、组织形式、价值创造方式都会随着环境的变化而改变。

网络的动态化研究必须考虑环境因素的扰动作用,这就增加了动态化研究的难度。任何复杂的经济活动都可以最终转化为某一具体的人的经济行为,所以对企业网络的研究也不妨从企业的行为开始。也就是研究企业面对网络经济时该如何作出自己的行为决策,比如:如何选择网络类型(即对加入哪个企业网络作出决策)、如何在企业网络中给自己定位、如何构建自己的企业网络等,这是网络动态化研究的一个重要方向。

(2) 从定性描述研究到定量模型研究

现阶段关于网络协调方式的研究多为定性研究,缺乏理论性的定量研究。虽然有许多针对某一具体网络产业的定量研究,比如:电信产业、铁路、通信产业等,但是这些定量研究只是借鉴网络协调的形式对一些数据进行统计分析,是一种实证分析。由于网络协调理论没有一个统一的理论框架,即没有一个必须遵循的标准,这就导致了在进行相关的定量分析时对变量的选择存在很大的随意性。从社会学的角度进行网络研究虽然能够贴近现实,很好地解释具体的问题,但定量方法不是十分成熟,导致其研究流于描绘、论述，不具有推广性。相反，基于经济学的研究有新古典经济学的研究方法作为网络协调定量研究的基础，而且还可以运用先进的经济分析工具，但远离了经济现实。新学科的发展在一定程度上解决了这个两难困境，特别是信息经济学和博弈论的发展和成熟赋予了网络分析特殊的分析工具，实现了定性研究和定量研究的完美结合。

（3）博弈论分析法

在传统的经济理论中，企业和个人被假定为追求自身利益最大化的经济个体，许多相关研究建立数学模型对其行为进行量化分析，而忽视了经济主体之间的相互作用。经济主体一方面不考虑自身行为的外在影响，另一方面也不考虑外在力量对自身的作用，但这种理想的市场环境在现实的经济中并不存在。不完全竞争的市场结构中，企业之间的力量对比差异很大，所以相对于一般的企业来说，垄断企业的行为对其他企业和整个市场将产生明显的影响。在现实的经济环境中，企业不能忽视经济主体之间的相互作用，必须密切关注相关企业的行为及其反应，并适时地预测竞争对手的行为。因此，在构建企业的经济模型时，必须考虑企业行为之间的相互作用，而不能仅仅把它当成一个外生变量。博弈论的出现为研究企业行为之间的相互作用提供了有效的工具，但把博弈论作为一种分析企业网络的方法对数学具有很高的要求，所以到目前为止应用并不广泛。在本书中，将对博弈论进行较广泛的运用，并尽量避免冗长庞杂的数学公式，用必要的简洁数学语言来说明企业网络中经济主体之间的博弈过程。企业网络模型中存在许多相互影响和相互依赖的变量。经济分析不仅要分析个别企业的自利决策，还要研究众多企业自利行为之间的交互作用，这种交互作用就是经济学家常说的促进均衡的力量。企业网络的这种特征使得博弈论成为分析企业网络的必要工具。

0.3.3 理论意义与实践意义

本书对企业网络的分析基于人类行为的目的性、相互性和合作性，与传统的企业网络理论相比有明显的不同。传统的企业网络理论一般是在网络形成的前提下对企业网络进行描述性的分析，是一种横向的静态分析。

而本书通过类比人类行为，把企业行为作为具体的研究对象，探求企业网络合作的人类行为学基础，分析企业合作网络的形成机理，阐述企业网络的演变、企业网络的定位和企业网络的构建。所以，本书的研究是一种纵向的动态分析视角，具有一定的理论意义。从实践角度来看，伴随经济活动的发展与深化，企业之间的联系日益密切，企业如何面对错综复杂的经济联系成为一个突出的问题。本书为这一问题的解决提供了一套可行性方案，比如：如何选择网络类型、如何在企业网络中给自己定位、如何构建自己的企业网络等。综上，本书为企业提供了一种策略指导，具有一定的实践意义。

第1章 国内外相关研究现状

自1776年斯密的代表作《国富论》(全名为《国民财富的性质和原因的研究》)一书出版以来,理论经济学体系不断完善:从雏形的古典经济学到以阿尔弗雷德·马歇尔(Alfred Marshall)为重要代表的新古典经济学,再到研究社会福利最大化的福利经济学,开创宏观经济研究领域的凯恩斯学派,突破完全竞争市场的不完全竞争经济学,重视货币现象和货币作用的货币经济学,通过数学符号和数学方法表达经济学原理并进行经济学分析的数理经济学,以制度为研究对象的旧制度和新制度经济学,反对政府干预的芝加哥学派。纵观主流经济学的发展历程,可以发现经济学研究"社会中的个人、厂商、政府和其他组织如何进行选择,以及这些选择如何决定社会资源的使用方式"。[1] 简单地说,"就是研究稀缺资源的配置问题,而所谓稀缺指的是欲望及其可行性之间的关系"。[2] 那么研究资源的配置问题必然涉及如何配置资源、通过什么机制来配置资源,也就是经济活动的协调方式的选择问题。

---

[1] 斯蒂格利茨,沃尔什. 经济学 [M]. 黄险峰,张帆,译. 北京:中国人民大学出版社,2005:10.
[2] 林德布鲁姆. 市场体制的秘密 [M]. 耿修林,译. 南京:江苏人民出版社,2002:29.

1.1 市场与企业

从斯密开创古典经济理论到 1937 年罗纳德·科斯（Ronald Coase）的《企业的本质》发表以来，经济学家关于经济活动的研究都是基于一个前提的，即市场机制是经济活动的唯一有效协调方式，各个经济主体联合造成的竞争局面是最为理性的经济状态。"市场体制就是不通过中央指令而凭借交易方式中的相互作用，以对人的行为在全社会范围内实现协调的一种制度。"[1] 斯密在《国富论》中指出，经济活动的参与者倾向于追求他们自身的个人利益。"我们每天所需的食物和饮料，不是出自屠夫、酿酒师或面包师的恩惠，而是出于他们对自身利益的打算。"[2] 现实的经济生活纷繁复杂，人人都在忙于追逐自己的利益，但有一种自然秩序隐藏于经济活动的混乱中。斯密以"看不见的手"来表述这种自然秩序，按照斯密的观点，政府是浪费的、腐败的、低效的，应该尽量不要干预经济活动，只需负责三个主要功能：国防、司法与公共物品的提供。通过以上分析可知，"看不见的手"即市场机制在斯密的理论体系中起到了重要的衔接作用：分工与效率的同时实现有赖于一定范围市场的存在，没有市场也就无所谓分工，那只能是自给自足的自然经济；个人利益与社会利益的一致统一也需要市场机制的动态协调，正是市场机制对无数个人利益的有效整合，才实现了社会利益的最终改善。

主流经济学当中对市场的推崇直到科斯的出现才发生转折。1991 年诺贝尔经济学奖的获得者科斯在企业理论方面做了开创性的研究，弥补了新古典经济学在企业内部研究方面的不足。1937 年科斯发表了其代表性的论文《企业的本质》(*The Nature of the Firm*)，这篇论文是科斯在 1931 年利用旅游奖学金考察了美国的主要汽车生产厂商，通过对"产业纵向和横向一体化"课题的研究而构思的。在这篇文章中科斯对新古典经济学中的企业

---

[1] 林德布鲁姆. 市场体制的秘密 [M]. 耿修林, 译. 南京: 江苏人民出版社, 2002: 4.
[2] 斯密. 国富论 [M]. 郭大力, 王亚南, 译. 北京: 商务印书馆, 2015: 27.

"黑箱"进行了深入的分析,提出"假如生产是由价格机制进行协调的,那么生产就能在不存在任何组织的情况下开展,而事实并非如此,那么组织为什么存在呢?"[1] 科斯对这一问题进行了开创性的回答:市场和企业是协调经济活动、配置资源的两种不同方式。市场通过价格机制对市场上的各种资源进行配置,而企业则通过"权威"和"命令"来配置企业内的资源。市场机制存在交易费用,而企业对资源进行配置则形成组织成本。企业是对市场的一种替代,企业的边界就取决于边际交易费用与边际组织成本的关系。

科斯的企业理论打开了新古典经济学中的企业"黑箱",改变了人们对社会成本问题的看法。科斯以交易作为基本的分析单位,运用传统经济学的边际分析、成本收益分析对交易费用进行了细化,开创了新制度经济学的先河。但是,科斯的理论也有一些需要进一步发展的方面:科斯注重企业的契约性质而忽视了企业的生产性质;科斯的理论是企业—市场的"二分法"而忽视了对大量介于企业与市场之间的组织形式的研究。

1.2 社会学中的网络研究

要想把网络作为一种协调方式,首先应该分析网络的含义。网络的数学定义如下:"网络是一种由结点和链组成的拓扑关系结构。不管结点和链具体代表的是计算机、企业,还是个人,只要当结点之间相互作用进而形成特定的经济联系并形成一个系统时,那么就可将其视为一个经济意义上的网络。"[2]

经济学家对网络及其功能的研究可以分为两大类型:一是把网络当成一种分析工具,即网络分析法(network analysis)。这方面的研究工作起源于社会学当中的网络,即组织内部非正式关系的形成与发展。二是把网络视为一种与市场和企业并列的经济活动协调方式,实质是研究网络如何把

---

[1] COASE R. The nature of the firm [J]. Economica, 1937, 4 (16): 386-405.
[2] 韩耀,张春法,曹宝明,等. 网络经济学:基于新古典经济学框架的分析 [M]. 南京:南京大学出版社, 2006: 2.

单个经济主体进行联合，进而形成一个和谐的体系。当然这两个方面的研究并不是独立进行的，二者相互融合：网络分析法以各种网络为分析对象，对网络的研究离不开网络分析方法的运用。在此，本书以第二个方面的研究为主，即分析网络作为一种治理机制所表现出来的特点与功能。

"社会关系网络就是把人与人之间、组织与组织之间存在的各种关系、纽带视为一种客观存在的社会结构，并分析这些网络结构对人和组织的外在的与潜在的影响，即认为主体之间的纽带关系对主体的行为产生影响。"[1]

衡量社会关系网络的指标主要有两个：一是社会网络规模（network range），二是社会网络密度（network density）。[2] 社会网络规模的测量方法主要有三种：测度网络构成者的总数（即结点的数目）、不同地位群体的数目和具有不同地位或身份的成员的异质性。社会网络密度描述的是网络或疏或密，它用网络中实际存在的关系与理论上可能发生的关系的比值来表示，所以网络密度是一个介于 0 与 1 之间的值。当企业网络中所有的行动者之间都存在联系时，网络密度值最大，为 1；相反，当网络中任何两个行动者之间都没有联系时，网络密度值最小，为 0。

1.2.1　格兰诺维特："弱关系"的力量

马克·格兰诺维特（Mark Granovetter，1973）在《"弱关系"的力量》这篇文章中，首次对"弱关系"进行了深入的研究，提出了"弱关系"力量的假设，即"弱链接"在某些情况下所起到的作用要远大于"强链接"所发挥的影响，原因在于"弱关系"联结的是不同社会地位或不同生活环境的人群，其作用的发挥有利于异质信息在不同群体之间的有效流动，起到了"桥"的作用。

格兰诺维特认为："关系（即社会网络中结点之间的联系）是指一种纽带联系，而该联系是人或组织之间由于接触和交流而产生的，并将其分为

---

[1] 杨瑞龙. 企业理论：现代观点 [M]. 北京：中国人民大学出版社，2005：173.
[2] 斯科特. 社会网络分析法 [M]. 刘军，译. 3 版. 重庆：重庆大学出版社，2016：68.

强与弱两种。"❶ "强关系"与"弱关系"在人与人的交流和整个社会系统中起着根本不同的作用:"强关系"维系着同一层次当中的组织或群体内部的关系和稳定状态,较密切;"弱关系"则在不同层次的组织或群体之间建立纽带联系,较疏远。

格兰诺维特进一步分析认为,"强关系"和"弱关系"的形成环境有很大的差异:"强关系"是在拥有相似的经济社会特征的个体之间发展起来的,比如:相似的年龄、相似的教育程度、相似的职业、相似的收入水平等;而"弱关系"则正好相反,它是在拥有不同的经济社会特征的个体之间发展起来的,比如:不同的性别、不同的职业、不同的社会阶层等。形成环境的不同也就导致了强弱关系的不同特点和不同功能,进而体现出不同的价值。"强关系"由于相似个体之间的作用而形成,而相似个体往往了解相似的事物,掌握相似的信息,实施相似的行为,也就是说通过"强关系"获得的信息重复性较高,价值较低。而"弱关系"是在不同类型的群体间产生的,而且分布广泛。与"强关系"相比,它更能跨越不同群体的界限去获取不同的信息和资源,是了解异己群体的重要途径,因此,其价值更高,力量更强。

1.2.2 伯特:"结构洞"理论

罗纳德·伯特(Ronald Burt,1992)综合了格兰诺维特和奥地利学派的思想,提出了"结构洞"(structure holes)理论。伯特分析认为社会关系网络主要有两种类型:一是社会关系网络中的任何主体之间均发生联系,即网络密度值为1;二是社会网络中的某一个或某几个成员与某些成员之间有直接联系,但并不与其他成员之间有直接联系,存在网络关系间断现象,即网络密度值小于1。❷ 第一种社会网络关系是一种无洞结构,是理论上存在的理想状态,这种形式只有在小群体当中可能出现;第二种社会网络关

---

❶ GRANOVETTER M. The Strength of Weak Ties [J]. American journal of sociology, 1973, 79 (78): 1360-1380.

❷ BURT R. Structural holes: the social structure of competition [M]. MA: Harvard University Press, 1992: 23-55.

系则比较常见，是一种常态。在这种网络当中好像存在洞穴一样，因此称为"结构洞"，其逻辑关系如图1-1所示。

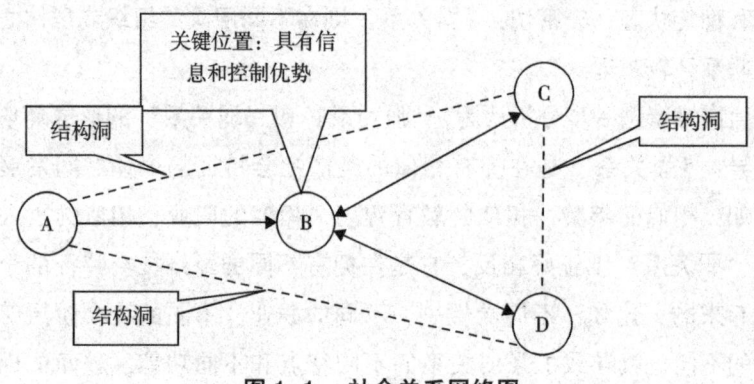

图1-1　社会关系网络图

在图1-1中，A、B、C、D四个主体构成一个社会关系网络，A与B之间、B与C之间和B与D之间均有关系，而A与C之间、A与D之间和C与D之间均无联系，则AC、AD和CD均为"结构洞"。A如果要与C和D、C如果要与D发生联系，均必须通过处于关键位置的B。按照格兰诺维特的理论，B与A、C、D的关系必然是"弱关系"，[1]但伯特提出这些关系也许是"弱关系"，也许是"强关系"。如果A、B、C和D对资源进行相互竞争，AC、AD和CD"结构洞"为B提供了一种优势，即保持与控制信息的优势。伯特对经济活动中的竞争进行了结构洞视角的解读。他认为关系优势在市场竞争中更为重要。所谓的关系优势是占据"结构洞"较多的网络位置的竞争者所具有的控制信息优势，占据的"结构洞"越多，就越可能获得较大的经济回报。所以，任何经济个体或者经济组织要想在竞争中处于优势地位，就必须与其他个体或组织建立广泛密切的联系，获得信息优势。

---

[1]　假设A、B、C、D四个主体来自经济社会特征不同的四个群体，按照格兰诺维特的理论它们之间的联系就构成了"弱关系"。

1.2.3 林南：社会资源理论

林南在格兰诺维特"弱关系"力量假设的基础上提出了社会资源（social resources）理论。林南（1982）认为社会资源（诸如：声望、财富、权力等）是嵌入在个人或组织的社会网络当中的，但并不为每个人或组织所直接拥有，它们的存在是抽象的，即社会资源是在人与人、组织与组织的互动中体现出来的，其存在形态是动态的。决定社会资源数量和质量的因素有三个方面："一是个体与社会网络行动者的关系力量；二是个体社会关系网络的异质性；三是社会关系网络行动者的社会地位。"❶

林南认为"弱关系"的主要作用在于资源的共享。因为"弱关系"联结着处于不同社会阶层的、拥有不同社会资源的个人或组织，所以通过"弱关系"的桥梁作用可以实现资源的交换、互借和获取。而"强关系"由于联结的是具有相似资源的个人或组织，所以通过"强关系"的纽带作用并不能实现资源的共享，其工具意义不是非常突出。因此，林南提出了社会资源理论的三大假设："一是地位强度假设，即获取资源的能力与社会地位的高低存在正相关关系；二是'弱关系'强度假设，即网络本身的异质性越强，网络成员越可能获取广泛的社会资源；三是社会资源效应假设，即社会资源存在网络效应。"❷

1.2.4 波兰尼："嵌入"理论

卡尔·波兰尼（Karl Polanyi, 1992）在对格兰诺维特关系理论进一步分析的基础上，提出了结构"嵌入"理论，其实质是对关系理论的深入发展。所谓"嵌入"，指的是"各种经济交易活动都必然受到其所处社会结构的限定，这种社会结构决定了交易的形式和结果"❸。波兰尼认为经济从来

---

❶ LIPPMAN S, RUMELT R. Uncertain imitability: an analysis of inter firm differences under competition [J]. The bell journal of economics, 1982, 7 (13): 418-438.

❷ 杨瑞龙. 企业理论：现代观点 [M]. 北京：中国人民大学出版社, 2005：175.

❸ POLANYI K. The economy as instituted process, in M. Granovetter, the sociology of economic Life [M]. Boulder: Westview Press, 1992：156.

就不是一个单纯的独立的领域，它"嵌入"在社会、法律、宗教等相关的制度之中，诸如市场、货币、贸易等经济现象和具体的社会现实密切地结合在一起。

波兰尼认为，经济是一个制度化的演进过程，在不同的社会环境中、不同的时间上表现出不同的制度形态和特点，也就是说经济学研究的实质是经济过程在不同时空中得以制度化的不同方式，而经济制度化的前提是经济体系具有统一性和稳定性。波兰尼对如何实现经济体系的统一性和稳定性从三个方面进行了论述：一是互惠，即只有在拥有对称性组织的社会环境中，互惠的行为才可能引导有意义的经济制度的产生；二是再分配，即对个人间的共同占有进行重新分配的经济体系的形成以分配中心的存在为前提；三是交换，即通过价格机制对资源的配置作用，个人之间的微观交换行为才能导致宏观市场价格的波动，并可以借此对经济体系进行调整。

1.3 经济学中的网络研究

1.3.1 国外学者关于企业网络的研究

（1）理查德森：企业能力与企业边界

理查德森认为产业是由大量的经济活动构成的，"包括发现和估计未来需求的活动，与研究、开发和设计有关的活动，与商品销售的实施和协调有关的活动"。[1] 这些活动的进行需要具有合适能力的组织来从事，合适的能力包括合适的知识、合适的经验和合适的技能。理查德森从企业能力的角度对活动进行了分类，把需要相同能力的活动称为类似活动，而这类活动需要专门组织来从事。与此同时，他还提出了互补活动的概念，他认为当活动代表着一个生产过程的不同阶段，或需要以某种方式协调时，就可以认为它们是互补的。互补性活动涵盖的范围非常广泛，比如：汽车和汽车零部件制造之间的关系，以及这两种经济活动背后的研发和营销活动之

---

[1] RICHARDSON G B. The organization of industry [J]. Economic journal, 1972, 82 (9): 21-29.

间的关系。

理查德森（1972）认为互补性活动必须在数量和性质上进行协调，而协调的方式主要有三种：指令、合作和市场交易。因为互补性活动的特点不同，所以要根据活动的具体情况来选择协调方式。当互补性活动中的产品或投入品是通用型的标准化产品或投入品时，组织就没有必要在事前进行计划或者协调，依赖市场的运作就完全可以协调这种活动。解决办法是通过总量具有的稳定性作出的（根据大数定理）。相反，如果组织协调的不是通用型投入品的总产量与需要它的产品的总产量，而是协调高度互补的特殊活动，从威廉姆森的视角来看，就是资产专用性较高的经济活动。在这种情况下就必须通过合并有所需能力的组织或通过合作来促进协调：若经济活动高度互补而且相似，则企业采取兼并策略；若活动高度互补但不相似，则可以通过企业网络之间的合作来实现协调❶。经济活动和协调方式的匹配情况见表1-1。

表1-1 经济活动与协调方式的搭配

根据企业能力划分	根据生产阶段划分	
	通用品互补性活动	高度互补性活动
相似性活动	市场	企业（科层组织）
非相似性活动	市场	企业网络

此外，理查德森对企业间合作的具体形式也做了简单的介绍：基于贸易的合作、基于制造和营销的合作以及基于技术共享和技术转让的合作。理查德森认为"企业并不是经济海洋当中孤立的岛屿，而是以合作或隶属的形式相互联系在一起。有计划的协调并没有在各个企业的边界停滞不前，而是通过企业间合作进行的"❷。对企业和市场与指导性协调和自发性协调的明确区分只会导致误导，这种区分忽视了经济活动协调方式的动态性、

---

❶ 普特曼, 克罗茨纳. 企业的经济性质 [M]. 孙经纬, 译. 上海：上海财经大学出版社, 2009：113.
❷ 普特曼, 克罗茨纳. 企业的经济性质 [M]. 孙经纬, 译. 上海：上海财经大学出版社, 2009：114.

多样性、连续性。

（2）威廉姆森：资产专用性决定企业边界

作为新制度经济学的代表人物，威廉姆森（1996）的主要贡献在于进一步完善了交易费用理论，特别是从资产专用性的角度对交易进行了全新的解读。交易是新制度经济学最基本的分析单位，而资产专用性则是交易费用经济学中的核心概念。"资产专用性是指一种资产被其他使用者用于别的可供选择的用途而不会牺牲其生产性价值的程度。"[1] 双方的相互依赖性随着资产专用性程度的提高而逐渐增强，威廉姆森正是根据交易活动资产专用性程度的不同对经济活动的协调组织方式提出了自己的观点。

当资产专用性为 0 时，交易者面对外界不确定性因素的干扰能够自发地进行适应性调整。对于此类交易来说，科层式的组织方式（即企业）并不具有优势。因为科层式的组织方式会导致官僚成本的产生，却未带来任何收益，从成本收益的角度来看，这样的交易不宜通过企业来协调。但随着资产专用性投资的增加，交易双方可能会不断提出适应性调整，影响不断增大。市场的激励阻碍了双方的适应性调整，导致机会主义行为的产生，这是因为虽然调整需要交易双方的一致同意，但是他们都想获得更多的适应性调整的收益。利益诉求的不一致必然会导致交易成本的上升，再加上市场的激励作用，就会产生不好的协调结果。

威廉姆森（1996）指出，网络作为一种协调经济活动的组织方式，在激励和管理成本等方面都介于市场模式和科层制模式之间。与市场模式相比，网络模式牺牲了激励而获得了更好的协调；与科层制模式相比，网络放弃了控制权利而拥有更高的激励强度。通过对威廉姆森企业边界理论的分析，我们发现他是从交易的角度利用资产专用性程度的不同来展开的，但他忽视了一个重要的问题：如果交易的资产专用程度很高，而企业不具有相关的生产能力，那企业应该如何应对这种状况？按照威廉姆森的观点企业应该放弃该项交易，但现实却告诉我们应该通过企业间网络的合作协调来实现能力互补、资源共享，完成交易。所以，综合理查德森和威廉姆

---

[1] 杨瑞龙. 企业理论：现代观点 [M]. 北京：中国人民大学出版社，2005：188.

森两人的分析，可以得到这样的结论：威廉姆森从交易角度通过资产专用性来界定企业边界，但这种边界只能区分出市场这种模式，而无法区分网络和企业这两种模式的边界；理查德森则从生产的角度入手，通过对企业能力的分析，提出了类似活动和互补活动及与其相匹配的协调方式；理查德森从企业能力角度分析的组织边界理论区分了网络和科层制两种协调模式的边界。

（3）金迪斯："强互惠"

桑塔费学派的赫伯特·金迪斯（Herbert Gintis）通过大量的社会调查和"最后通牒"博弈实验提出了"强互惠"的概念，他认为人与人之间的"强互惠"行为是异质人群中进行合作的根本原因❶。所谓"强互惠"是一种具有"利他"倾向的第三方惩罚行为或惩罚机制，虽然和我无关甚至需要我付出巨大代价，但我仍然要对"恶人"宣战，以此来"惩恶扬善"。人类在社会生活中并不是简单地把个人的经济利益最大化，即传统经济学中的"经济人"假设，而是一定程度上追求公平、正义等社会情感的满足。可见，金迪斯的理论对企业网络当中成员之间的行为进行了"强互惠"分析，探索网络成员合作的机理和可能性。

（4）拉森

皮卡尔德·拉森（Pikard Larsson）对组织间的关系进行深入研究后，提出"用市场、组织间协调和企业三分法代替传统的市场与企业的两分法"❷。市场是"看不见的手"，企业是"看得见的手"，而拉森则称组织间协调是"握手"。拉森认为，在行动者信任度和资源内在化成本较低的状态下，资产专用性、不确定性和交易频率越高，则"看得见的手"对资源配置的效率越高；如果外在化成本较低，资产专用性、不确定性和交易频率较低，则通过"看不见的手"来对资源进行配置更为有利；如果召集成本较低而行动者之间的信任度较高，资产专用性、不确定性和交易频率越高，

---

❶ 金迪斯，鲍尔斯. 走向统一的社会科学：来自桑塔费学派的看法［M］. 浙江大学跨学科社会科学研究中心，译. 上海：上海世纪出版集团，2005：117.
❷ LARSSON R. The handshake between invisible and visible hands［J］. Studies of Mgt. & Org. M. E. Sharpe. Inc, 1993, 23（1）：60-115.

资源就越可能通过组织间网络来协调。

1.3.2 国内学者关于企业网络的研究

（1）李维安

李维安认为"网络组织是以知识为基础、信息为内容、网络为路径、创新为灵魂的新型组织"。❶ 网络组织的出现，突出了合作的必要性，而合作不仅包括组织内部的合作，还包括组织间的合作，后者使单一的竞争进化为竞合。网络组织的基本性质指的是网络结点之间的互动合作，这种互动合作既不是通过市场机制也不是通过企业指令过程来实现的，而是通过网络结点之间的彼此协调来完成的。李维安认为："组织的网络演进经历了四个阶段：从自发的基于人际关系网络的组织网络，到提高管理效率的内部化网络（网络化组织），再到提升战略优势的组织间网络化，然后到更具环境适应能力的网络组织（通过网络进行组织，用网络的模式进行管理和治理）。"❷ 组织的网络从被动网络化到主动网络化演进，从以传统信息处理为基础的网络化到以现代信息技术为基础的组织网络化的演变，展现了从市场与企业资源配置两分法到网络作为第三种协调方式逐渐发展和成熟并被接受的过程。

（2）杨瑞龙

杨瑞龙认为"网络是一种与市场和企业不同的组织形式"❸。他从资产专用性、企业能力和不确定性对组织形式的选择做了详尽的分析，指出威廉姆森主要是从交易的角度，通过分析各种交易资产专用性程度的不同来选择合适的组织形式，但威廉姆森的分析只能把市场与科层组织和企业网络区分开来，而不能找到科层组织和企业网络之间的边界。而理查德森的企业能力分析则突破了威廉姆森的局限性。理查德森从生产的角度，把活动分为类似活动和互补活动，对不同活动类型与其协调方式的匹配进行了

---

❶ 李维安．网络组织：组织发展新趋势［M］．北京：经济科学出版社，2003：2.
❷ 李维安．网络组织：组织发展新趋势［M］．北京：经济科学出版社，2003：77.
❸ 杨瑞龙．企业理论：现代观点［M］．北京：中国人民大学出版社，2005：172-195.

分析。杨瑞龙认为正是理查德森的研究把科层组织与企业网络区别开来，并对企业网络有了更加清晰的认识。

（3）刘东：企业网络类型及交易费用视角下的企业网络

刘东在其著作《企业网络论》中介绍了企业网络的六种具体形式，包括"虚拟企业网络、供应链企业网络、企业集团内部网络、战略联盟、外包制和企业集团"。❶ 刘东首先对每种形式的产生、发展、运行机制和优劣势进行了详细的分析；其次从社会学角度分析了企业网络：关系性合同、社会资本和结构洞理论；再次从经济学视角进行了分析：交易成本理论、经济演化理论；最后对企业网络进行了国际比较。

综合分析刘东的论述可发现，她主要是借鉴了威廉姆森交易类型和契约类型相匹配的观点，从分析实际存在的企业之间的交易关系出发，具体解释了契约的设计对交易效率，也就是对交易费用的影响。契约的设计包括交易对象的选择、交易环节的确定和对可置信承诺中为保证可置信所做的交易内容和契约条款安排。刘东通过对有效运行的企业网络的解剖，提出了超市场契约。市场中的契约是商品契约，企业内的是要素契约，而企业间网络的契约则是超越商品契约的复杂契约——超市场契约。超市场契约包含了要素契约向商品契约渗透的过程。这种交易不再是供给方单方面努力的结果，而是融入了购买方的指导与协调，即是一种产品的定制化生产。刘东的分析局限于从一个视角来研究企业网络，虽然有一定的指导意义，但是并没有形成企业网络研究的系统框架。

（4）其他（贾根良、陈守明）

贾根良提出"市场是通过价格机制对资源进行配置的，而企业则是一种等级式的协调手段"❷。企业与市场传统的两分法虽然有利于人们认识二者的区别与联系，但是却没有考虑到现实中经济活动的多样性和复杂性，所以网络的出现弥补了经济活动协调方式两分法的缺陷。经济网络借鉴了计算机科学和神经生理学当中网络的概念，把经济网络看成是由若干经济

---

❶ 刘东，等. 企业网络论 [M]. 北京：中国人民大学出版社，2003：18.
❷ 贾根良. 网络组织：超越市场与企业两分法 [J]. 经济社会体制比较，1998，14（4）：14-20.

行为者（节点）及其关系（链接）构成的联系网络。从狭义角度来看，网络就是企业间契约关系的形态。贾根良对网络与企业理论的关系进行了详细的分析，比较了市场、企业与网络三种协调方式的区别，介绍了网络组织的几种具体形态及其效应。贾根良认为经济活动的网络协调方式对我国企业集团的组建具有重要的借鉴意义：企业规模大并不等于规模经营；网络组织比科层组织在规模经营方面更具优势；企业集团化经营的关键在于专业化分工、活动分工和技术依赖；企业网络化是一个自然演化过程。

陈守明对企业网络的稳定性进行了两个角度的分析："经济人"假设的竞争模型和"社会人"假设的合作模型。[1] 基于"经济人"假设的企业网络成员之间的一次性博弈结果是一个纳什均衡，而纳什均衡对整体来说并非最优策略。那么，如何走出纳什均衡实现帕累托最优呢？陈守明认为可以通过不完全信息下的重复博弈实现企业网络成员之间的合作。相反，基于社会学的分析则摒弃了完全理性的"经济人"假设，主张人的理性是有限度。陈守明借鉴哈耶克的进化论理性主义，通过进化博弈论的解释，得出合作是进化的结果。

综上所述，企业网络本身所具有的优势决定了其必将成为未来经济活动的主导协调方式，这引起了学术界对它的广泛研究，而且已经形成了大量的研究成果和文献。国外学者中，理查德森从企业能力角度对企业间网络的形成提出了自己的见解；威廉姆森则继承了资产专用性的分析视角，资产专用性程度的不同也就决定了经济活动应采用不同的协调方式，网络协调是对资产专用性适中的经济活动的协调方式；金迪斯则分析了异质人群中合作的行为基础："强互惠"。国内学者关于企业网络的论述大多比较单一：李维安从管理学的角度对网络组织进行了分析；杨瑞龙比较了市场、企业和网络三种协调方式的不同及其选择；刘东则对企业间网络的具体模式进行了阐述。虽然现阶段关于网络的研究材料很多，但是这些关于网络的研究是支离破碎的；或是关于网络经济某个方面的研究，或是对企业间网络的具体模式的展示，或是对企业网络特征的说明，或是对前人研究的

---

[1] 陈守明. 现代企业网络 [M]. 上海：上海人民出版社，2002：156.

综述，或是将研究范围局限于某一个具体的经济产业。不管是哪一个方面的研究均没有形成一个连贯的、统一的网络经济研究体系。关于网络经济或企业网络研究体系的不完善导致了现阶段分别在理论和应用两个方面暴露出不足：一是限制了关于网络研究的知识和理论的有效积累。不管哪一门学科，只有在对该学科现有相关文献有了一个框架性的认知和了解之后，才能进一步发现当中存在的不足和可能的创新之处，从而才有利于我们做进一步的研究工作。网络经济或企业网络作为一项比较前沿的研究领域，相关知识的纷繁复杂、不成体系必将阻碍网络研究的有序推进。二是限制了对现有理论知识的实际应用。已有的关于企业网络的知识很多，但是企业或公司对这些研究成果之间的逻辑关系并没有完全掌握，不知道如何才能让不同的理论知识很好地协调、整合在一起。所以，企业或公司在具体运用这些理论的时候，缺乏系统的理论依据作为支撑，就会不知所措、无所适从。

1.4 三种协调方式的比较

以上部分是对市场、企业和网络三种协调方式的详细论述，为了更好地理解组织间网络协调的特点，不妨将市场、企业和网络的特征向量加以比较，见表1-2。❶

表1-2 市场、企业与网络三种协调方式的比较

组织关键特征	市场	企业	网络
规范基础	契约	雇用关系	互补资源
交流方式	价格	规则	关系
冲突解决	诉诸法律	行政命令	互惠互让
灵活程度	高	低	中等
承诺数量	低	中等至高	中等至高

---

❶ ALSTYNE M. The State of network organization: a Survey in three frameworks [J]. Journal of organization computing, 1997, 7 (3): 368-418.

续表

组织关键特征	市场	企业	网络
组织结构	无	科层式	开放式
行动者偏好	独立	依附	相互依赖
资产专用性	低	高	适中
交易	低概率反复	高概率反复	可变反复
边界	不明显	刚性静态连接	柔性动态连接
激励	高	低	较高
信用	低	低	中等偏高
纵向一体化	无	高	可变
联系方式	短期存在，多点至多点	持续存在，一点至多点或多点至一点	需要时存在，多点至多点
决策轨迹	即时，完全自主	滞后，远距离	随时随地共同决策
控制模式	价格机制	行政服从	声誉控制

通过上面的比较分析可以看出，网络与市场和企业相比是一种不同的组织方式，它在许多方面表现出自己的特点。自20世纪70年代以来，企业间网络作为一种富有竞争力的组织形式在西方国家迅猛发展。很多企业都组建了自己的网络，通过网络与竞争者进行竞争。在我国，企业网络只是最近几年来才得到人们的重视，理论界和商界对它都进行了试探性的研究。企业间网络的迅速发展给学术界提出了重要的理论和实践问题：如何构建完善的、系统的企业网络理论体系，企业又如何面对蓬勃发展的网络经济环境作出正确的决策，这都是我们要进一步研究的重要命题。

小　结

市场、企业和网络是协调经济活动的三种机制，其中市场和企业是两种极端形式：一是追求自由与放任，反对政府和其他经济组织对经济的任何干预行为，对市场的自发能力给予绝对的信任；二是追求计划与控制，希望通过企业组织内的行政干预行为来完成市场所不可能完成的任务，即企业的存在是非常必要的。斯密和科斯分别是市场和企业两种机制的权威阐述者。斯密认为，市场机制是经济活动的唯一协调方式，各个经济主体联合造成的竞争局面是最为理想的经济状态，而市场机制存在和运行的基础是人的自利本性，即人开展经济活动的动力在于最大化自身的利益。个人利益与社会利益之间并不是冲突的。相反，通过市场机制的动态协调，实现了对无数个人利益的有效整合和社会利益的最终改善。科斯及其企业理论的出现打破了市场经济理论的统治地位。科斯认为，市场和企业是协调经济活动、配置资源的两种不同方式。市场通过价格机制对市场上的各种资源进行配置，而企业则通过"权威"和"命令"来配置企业内的资源。市场机制存在交易费用，而企业对资源进行配置则形成组织成本。企业是对市场的一种替代，企业的边界就取决于边际交易费用是否等于边际组织成本。

网络作为第三种协调经济活动的机制，其实一直存在于人们的经济活动中，只是未能显现出来。伴随着经济活动的深化和科学技术的发展，个人之间、企业之间的联系日益密切，网络协调逐渐占据主导地位。经济学家对网络及其功能的研究可以分为两大类型：一是把网络当成一种分析工具，即网络分析法。这方面的研究工作起源于社会学当中的网络，即组织内部非正式关系的形成与发展。二是把网络视为一种与市场和企业并列的经济活动协调方式，实质是研究网络如何将单个经济主体进行联合，进而形成一个和谐的体系。本章主要分析了第二个方面：理查德森对企业能力与企业边界之间的关系进行了分析，他把经济活动分为通用品互补活动、高度互补活动、相似活动和不相似活动，而协调经济活动的方式有市场、企业和网络。他认为活动高度互补但不相似，则可以通过企业网络之间的合作来实现协调。威廉姆森则从资产专用性的角度界定了企业边界，说明了企业网络存在的可能性。金迪斯的理论对企业网络当中成员之间的行为进行了"强互惠"分析，探索网络成员合作的机理和可能性。此外，我国国内学者李维安对网络组织的形成与演变进行了详细分析；杨瑞龙比较了网络与市场、企业之间的差异；刘东则从交易费用角度分析了不同网络组织之间的优势与劣势；贾根良、陈守明也对企业网络进行了分析与研究。

综合分析现阶段存在的关于企业网络的理论文献可以发现，现有的理论大都从某一个角度对企业网络进行分析论证，缺乏一个可以参考的理论范式，导致了研究的丛林现象，这是学科发展必须经历的阶段。所以，本书主要从这方面进行尝试，即试图建立一种企业网络研究的体系、范式，为企业网络研究提供一种指导或方向。具体的研究过程包括：企业网络的人类行为学基础、企业网络的形成机理分析、企业网络的演变、企业网络成员的定位以及企业网络的构建。在分析过程中主要采用了动态的、博弈的分析方法。

第 2 章

网络、网络经济与企业网络

为了降低运营成本和给消费者提供更好的服务，各行各业中，不同的企业之间组成网络联盟，互通有无，协调合作，实现共赢。在航空业，不同的航空公司之间的合作，解决了运力的紧张与冗余，增强了公司营运的灵活性，更好地应对了航空运力需求的波动性和不确定性。在通信业，不同公司合作开发技术，推广标准，扩大了市场的占有率和影响力，创造了"一加一大于二"的效应。在汽车制造业，核心企业通过对不同供应商的有效运作，实现了及时化的订单生产，降低了制造成本。由此可见，企业之间的合作逐渐成为开展商业活动的标准方式，成为组织经济活动的主导形式，具体表现为各种各样的网络组织。

纵观组织结构的演变历史，人类发明并发展了多种新的组织形式来协调经济活动。在19世纪以前，主导的组织形式是一种小规模的生产，涉及的人数有限，技术有限。随着工业革命的到来，19世纪前期，较大规模的工厂开始出现，并逐步演化成大规模的组织形式，特别是在铁路行业和钢铁行业。这些组织形式包括功能化组织、垂直一体化组织、部门组织和矩阵组织，它们使我们获得了日益增长的规模经济和范围经济，显著地促进了经济增长。但这些组织形式的成功运行有一个潜在前提，即假定公司尽可能地独立自主，每个公司需要拥有重要资源和核心竞争力以实现独立运作，其原因在于当时通信和交通基础设施的落后，公司之间的沟通交流缺乏现实条件，企业的生产只有当原材料的供应得到切实保障时才能顺利进行，而相应的组织形式也是为满足此逻辑而出现的。

然而，在20世纪80年代一种转变逐渐出现。公司慢慢抛弃了一个传统观念，即生产过程需要的全部资源和能力必须在企业内部获得，独立性并不是进行生产的必需条件。一种新的组织形式开始出现，公司或企业之间的合作成为标准和规范，企业积极地寻求合作伙伴来开展经济活动。这种合作的趋势主要体现在：大的整合的企业开始关注核心竞争力。由于企业的资源与能力的限制，企业不可能在生产的任何环节都达到最优水平，所以企业一般会选择生产过程中的某一个或几个部分作为自己发展核心竞争力的着力点。在过去，许多企业的纵向一体化程度都很高，但在今天，它们只拥有商标权利或核心设计能力，而把其余的具体的生产制造环节全部进行了外包，并且获得了绝大部分的利润。公司发现，与其进入市场搜寻合适的供应者，不如与供应者保持密切的合作关系更能带来可观的利润。丰田汽车公司是这方面工作的奠基者。因此，如果说市场组织和等级化组织位于一个连续体的两端，那么现阶段公司所追求的网络合作与网络联盟便是市场组织形式与等级组织形式两种极端组织形式的混合体、调和体。由此可见，网络正在成为经济活动的主导组织形式，所以针对网络、网络经济以及企业网络的分析与研究就显得十分重要。

2.1 网络定义

2.1.1 数学定义

"网络（Network）是由节点集合 $V=\{v_1,v_2,\cdots,v_n\}$ 和边集合 $E=\{e_1,e_2,\cdots,e_n\}$ 所组成的集合 $N=\{V,E\}$。"❶ 从这一定义中可以看出：网络包括"节点"和"边"两大类构成要素，其中"节点"可以表示具体的存在和抽象的存在，而"边"表示节点之间的相互关系，也可以称之为"链"。"节点"一般用points、vertices、nodes等单词表示，而"边"常用lines、

---

❶ 曾宪钊. 网络科学[M]. 北京：军事科学出版社，2006：1.

links、edges 等单词表示。

相应地，网络科学则是利用网络方法来分析研究社会、经济、生物、物理等现象，并构建相关预测模型的科学。网络科学这一术语只是在 20 世纪左右才开始大范围使用，著名的网络科学家艾伯特-拉斯洛·巴拉巴西（Albert-Laszlo Barabasi）在其著作《链接：网络新科学》中指出"网络科学还在发展初期，它将会花十年时间得到较完整的成果"❶。虽然网络科学的发展才刚刚开始，仍然处于初级阶段，但是该领域所取得的进步是令人瞩目的。这不仅体现在自然科学的网络研究上，更体现在社会科学当中，比如：在社会学研究当中，网络分析法日趋成熟，逐渐成为该领域的主要分析方法；在经济学中，网络经济学也在主流经济学的基础上不断发展壮大，建立了相应的基础理论。

网络的形成和发展促进了科学技术的进步、经济的增长以及社会的融合，世界各国之间的联系日益紧密，全球经济一体化趋势不断加强。资本、劳动等传统的生产要素和知识、技术等新兴生产要素成为全球化的产品，企业原材料的采购、产品的销售和研究开发遍及世界各地，不断向全球扩展。大型的跨国集团一般都把组织机构网络化，即采用一种企业网络的组织形式，形成规模不等的网络组织。通过网络组织，企业可以迅速从许多国家获得信息、资金、人才以及政策；通过网络组织，企业可以在全球范围内对数据、文字、图像进行加工与整理，对各国资源进行高效的利用与整合，大幅提高产品的设计与研发能力；通过网络组织，企业可以在全球范围内实现精确销售，满足消费者的个性化需求。

在古代，人类就已经学会借助网络思想来分析复杂的事物或现象，而且获得了一定的成就。中国人的网络思想早在战国时期就有所体现，医学经典《黄帝内经》当中的《灵枢》就讲到了"经络"的概念，它指出"人体的经络分为 12 条，每条具有不同的功能"❷。针灸理论认为经络系统遍布于人体的各个部分，具有疏通内气、交流内外的功能。而穴位则是经络中

---

❶ BARABASI A. Linked: The new science of network [M]. Cambridge Mass: Perseus Publishing, 2002: 316.
❷ 曾宪钊. 网络科学 [M]. 北京：军事科学出版社，2006：7.

的"节点",即控制点,对穴位的刺激可以阻碍或者调节经络系统。由此可见,古代的经络系统就是利用网络思想的一种具体体现,是在研究人体系统的过程中发现并抽象而成的一种生物网络模型。随着时代的发展,网络思想的影响不断扩大,深入到人类生活的各个方面,抽象的网络特征在现实生活中不断发现自身的类比物,比如:人际关系网络、经济活动网络等,虽然各种网络之间都存在一定的差异,但是却都体现出核心的网络特征,即"节点"和"边"。所以,运用网络观点来分析社会学当中的人际网络和经济学当中的经济网络,本书就以经济网络为核心研究对象。

2.1.2 社会学定义

网络表示的是事物之间的某种关系,从广义的角度来看,许多自然科学和社会科学的研究都比较关注研究对象的结构,比如:经济学研究当中的经济结构观点和社会学中的社会结构观点,这些都可以认为是从网络视角来观察事物和现象的。"社会网络指的是社会行动者及他们之间的关系的集合。也可以说,一个社会网络是由多个点(社会行动者)和各点之间的连线(代表行动者之间的关系)组成的集合。"[1] 因此,社会网络具有一般网络的核心特征,即"节点"和"边",这是社会网络的形式化界定,而"节点"和"边"所代表的不同具体内容是社会网络的内容化界定。下面对社会网络当中的点和线做进一步的分析说明。

(1)"节点":社会行动者

社会网络当中的"节点"所代表的含义多种多样:从微观角度来看,它可以是处于社会活动当中的任何一个人,这个人可以是学生、教师、商人、政府官员等,不同的人形成的网络也就具有不同的内容与特点;从较大的范围来看,社会网络当中的"节点"可以代表学校、政府机关、公司等某一个具体的经济和社会组织。此外,社会网络中的"节点"也可以表示城市或国家,只是在这种情况下形成的网络更为巨大。

---

[1] 刘军. 整体网络分析讲义 [M]. 上海:格致出版社,2009:1.

(2)"边":社会行动者之间的关系

在社会网络当中,"边"往往代表社会行动者之间的具体联系内容或实际发生的事件,表现出多样性和多元性的特点。

首先,"边"具有多样性,即社会行动者之间的关系多种多样,比如:同学关系、师生关系、恋爱关系和买卖关系等;其次,"边"具有多元性,即在同一社会行动者之间存在多重不同内容的联系,比如:两个学生之间可能既是同学关系,又是恋爱关系;而两个国家之间可能既是外交关系,又是贸易关系。此外,在研究的过程中,如果关注的焦点不同,那么关注的"边"也就不同。若只关注整体网络,那么就要分析具有整体意义的"边"的特征:关系的传递性和互惠性等;相反,若只关注个体网络,则应该分析网络密度、差异性等个体指标。

2.1.3 经济学定义

网络可视为由多个基于网络协议而相互之间直接或间接作用的独立组织组成的集,而网络化的目的在于获得单独个体不能获得的竞争优势。在这个定义中包括五个核心要素:

(1)"选择集"

网络并非要覆盖整个行业,虽然网络的边界有时很难确定,但它还是有边界的。网络内部成员之间的相互作用要比网络成员与非网络成员之间的相互作用更为密切。

(2)多个独立公司

网络由独立的公司组成,每个公司都竭力通过网络组织的帮助达成自己的目标。即使公司加入了网络组织,并且可能会受到其他成员的限制,但公司并未丧失自身的独立性,公司还是要追求自身利益的,只是实现利益的方式与以往不同。

(3)直接与间接作用

网络成员之间相互合作、相互影响,但并非每个成员之间都存在直接的相互联系,成员之间也可以通过第三方进行间接联系,即存在"结构洞"。

（4）一个或多个联盟协议

一个联盟可以有多个合作伙伴并自己形成网络。多个联盟之间也可以通过双边协议形成网络，例如，为建立标准和获得规模经济而组成网络。

（5）竞争优势

网络化的目的在于获得竞争优势。企业参加网络的目的在于提高自身的市场势力，获取规模经济，正是出于自利的本性，企业才加入到网络当中来，单个并没有关于网络的总体目标，但其余的网络伙伴却从不同企业的自利行为中获得了收益，正如斯密所说，"我们每天所需的食物和饮料，不是出自屠夫、酿酒师或面包师的恩惠，而是出于他们对自身利益的打算"。[1] 企业之间之所以可以建立网络联系、成立网络联盟，并非出于企业的合作与无私精神，而是出于他们对自身利益的打算。

2.2 网络经济及其推动力

网络经济是在自然经济、农业经济和工业经济之后在世界范围内出现的新兴经济形态，与信息经济强调经济的信息内容和数字经济强调数字形式不同的是，网络经济强调经济运行的基本组织形式，即网络化。网络经济主要包括三个层面的内容：一是经济形态层面，即网络经济是与农业经济、工业经济等经济形态同等的信息经济或数字经济；二是产业层面，即网络经济就是以电子商务等计算机科学技术为基础的网络产业，不仅包括网络企业、网络贸易等网上经济组织或经济活动，而且涵盖了提供网络基础设施、网络设备等具体产品的经济活动；三是市场层面，即网络经济就是一个虚拟的大型市场。三个层面相互联系、相互制约，网络市场的健全与发展必然推动网络产业的壮大，进而造就网络经济这一全新的经济形态。网络经济学是以网络经济为研究对象的，是网络的分析思想在经济学领域的应用和扩展，所以对网络经济学概念的分析十分重要。

---

[1] 斯密. 国富论［M］. 郭大力，王亚南，译. 北京：商务印书馆，2015：185.

2.2.1 网络经济学辨析

如果单纯从网络经济学的字面意思来看，很多人认为该学科是以互联网为基础或研究对象的，属于虚拟经济，但实际上网络经济学的研究并非局限于互联网，而是更一般地从网络的视角去分析经济活动与经济现象，也就是说把网络当成一种策略、一种方式，集中关注经济现象的网络化特征，而不是把研究对象限定在某一特定的行业。在新经济条件下，经济主体之间的交互关系越来越具有网络化的特征。不管这种网络是像交通、电力一样的实体网络，还是像用户关系一样的虚拟网络，网络的结构性特点和"节点"之间的信息交流都极大地影响了经济主体的行为方式和市场的运行规律，这便是网络经济学存在与发展的背景和空间。所以，网络经济学是对传统经济理论的发展，是在传统经济理论不能很好地解释新经济现象时的补充，它以传统经济理论为基础，是经济学的一个分支。网络经济学是一门新兴的学科，学者们从不同的角度出发或以不同的方式对其进行了研究，形成了不同的研究成果，比如：电子商务经济学、网络产业经济学、企业网络、虚拟经济学等。

根据理解的角度不同，网络经济学有三个层次的含义。

一是网络经济学指在互联网时代的商业策略与指导，比如：差别定价、网络效应、锁定效应与产品标准的推广等，这一层次的网络经济学可以称为电子商务经济学。在网络经济条件下，产品及其市场化的经济过程均发生了明显变化，经济活动中的企业和消费者在产品的生产、流通、销售、消费等一系列过程中必须重新考虑产品的选择、价格的确立以及市场竞争战略的制定。网络经济学这一层面的含义就是对全新的网络市场环境提供策略帮助。

二是网络经济学指网络型产业的规制与发展理论，比如：对电力、电信与铁路等产业的规制，所以又可称为网络产业经济学。网络产业经济学从学科划分的角度来看，应该归属于应用微观经济学，是对网络型产业的经济学研究。由于网络外部性的原因，网络结构型产业一般都具有供给方规模经济和自然垄断的倾向，所以网络产业经济学的研究主要集中于两个方面：一是接入问题，即互联（interconnection）。当某一网络成员掌握了网络当中巨大的安装基础时，其他成员必须通过与这一安装基础的连接才能向消费者提供服务，这就出现了互联。在接入问题中，最为关键的问题就是接入的定价，即如何确定使用安装基础应该分担的成本和费用，如何建立高效的定价机制，以降低网络内部的摩擦成本，实现资源的优化配置。二是规制问题。政府的规制与市场的自由竞争一直是经济学家之间争论的焦点，但由于网络产业的网络外部性经济特征，导致该产业存在规模经济和自然垄断的倾向。如果按照自由主义经济学家的观点，防止政府干预，鼓励自由竞争，那么在网络型产业当中最终将只存在单一的垄断厂商，因为这样是最有效率的，但是这种高效率是短期的、静态的。从长期来看，完全垄断的市场结构将阻碍竞争厂商的进入，导致垄断厂商的内部效率低下，影响创新的发展和动态的经济效率。因此，许多经济学家致力于研究规制政策的制定和反垄断制度的建立，并对法规的效力进行分析。

三是企业间网络，把网络作为与市场和企业并行的经济活动协调方式，重点研究经济的网络组织形式，即网络化的特征。企业间网络的研究重点在于经济主体之间的网络联系，而经济主体和经济主体之间的联系分别是网络当中的"节点"和"边"，从网络的角度来分析、观察整个经济系统。比如：研究企业网络产生的原因、企业网络的进化过程、企业网络的构建方法等。这个层面上的网络研究试图在新古典经济学的基础上进行拓展，超越了新古典经济理论的假设，用更实际的、动态的和网络的视角来研究经济主体的行为特征，目的在于构建一个一般的经济学分析框架，对新古典理论进行有效补充。在传统经济理论中，经济主体的决策是独立进行的，无须考虑自身行为对他人的影响，也不考虑他人行为对自身的作用。然而，网络视角下的经济学研究把经济主体之间的相互作用纳入决策模型当中，当成内生的经济变量，这便是网络分析方法的核心所在。本书是关于企业网络的研究，重点在于第三个层次。

2.2.2 网络经济推动力

网络经济是以企业联盟为基础进行研发、生产与销售产品和服务的经济体系,在这一体系中大量的商业活动在企业之间进行。对定义进行进一步分析:首先,网络与产品的研发、生产和销售相关,这就表明网络涉及价值链上的每一个环节。有些网络的目的在于产品的研究与开发,有些则关注生产或者物流,公司之间的网络合作无处不在。其次,大量的经济活动在联盟内部发生。最后,网络以企业为基础,不能脱离企业而存在,更不能代替企业的作用,网络是对企业协调方式的有效补充。网络组织形式的出现可能使协调经济活动的方式从等级式的企业形式过渡到网络协调,但是这并不能说明企业内部等级式的协调方式就会全部消失,实际上等级式的协调方式在网络经济当中依然有存在的必要性。

网络经济的推动力主要包括五个方面。

第一,自由化与国际化。在网络经济中伙伴之间的商业活动大都要跨越边界,只有在自由化的前提下,企业才能通过参与网络组织来获得其他国家合作伙伴所拥有的知识、资源与市场,保护主义只会严重地限制网络经济的发展。在全球化经济时代,企业获得国外市场与资源更有保障,公司在与外国企业进行商业往来时所面对的不确定性更少,而且国际运输体系的不断提高和完善使其自身更具可靠性,企业为保证稳定的原材料或商品的供应没有必要再控制整个供应链环节。相反,企业可通过与网络伙伴的合作达到相同的目的,大大降低了企业的运营成本。企业在处理国际贸易的过程中,不再必须"身临其境"到当地解决相关问题,完全可以通过当地的合作伙伴来完成这一工作。因此,国际化开辟了新的商机,并通过网络联盟更好地利用了这一商机。

第二,激烈的市场竞争环境。在网络经济条件下,公司同样要寻找有效利用资源的生产方式,提高生产效率,这种情况下需要企业把更多的精力投入到自身最具优势的环节,而与其他企业建立合作伙伴关系就成为必需。激烈的竞争和股东利益不仅驱使企业关注核心竞争力,而且使企业积极建立企业联盟以增强开展竞争的能力和扩大企业的领域。

第三,组织创新与管理创新。新的管理技术和组织创新使得企业可以对错综复杂的网络关系进行有序管理。传统等级组织结构当中的管理方法不适于网络组织,所以需要全新的管理工具和方法,这些全新的方法有利于提高企业之间合作的成功率，降低了企业之间的交流、交易成本，使网络成为兼并和收购之外的一种可行性选择。

第四，个性化需求与解决方案。在现代经济当中，传统的标准化、统一化的产品生产并不能满足人们的多样化需求，不管是产品还是服务，都要求量身定做。这种特殊的需求要求企业把数量少、样式多的产品需求进行整合，而单一的企业很难做到这点，寻求合作伙伴的帮助成为可行途径。网络化企业联盟可以提高对市场的反应速度，增强企业的灵活性，应对个性化需求。

第五，快速的技术更替。技术领域的快速更新促使网络成为一种可行的掌握最新技术的方案。由于技术进步的速度非常快，特别是在IT领域和生物技术领域，单个的企业根本不可能独自一直掌握最新技术，跟随技术进步的步伐。取而代之的是企业应该优化自己的联盟组合，通过参与不同的网络联盟来避免自己被技术淘汰，丧失掌握新技术的主动权。由于技术自身的特性，即技术的主导与否取决于其应用范围和领域，"静观其变"对企业来说并不是一个选择成功技术的明智策略，而网络化的联盟可使企业与潜在先进技术保持密切联系，同时又不承担过多风险。

此外，网络技术的发展、教育水平的提高、法律制度的完善也为网络经济的出现奠定了基础。

2.3 企业网络

企业网络理论是当代西方经济学从20世纪80年代中后期以来逐渐形成并发展起来的新领域，它的出现改变了现代企业理论的研究视角和分析框架，建立了一种全新的范式。企业网络化是通过改变企业组织间的关系而实现组织转型的有效方式，这一概念起源于计算机科学和数学图论。按照数学图论的定义，"网络由点和线组成，是一组相互连接的'节点'"。[1]

---

[1] 张建华，等. 工业化进程中企业网络组织的创新与应用 [M]. 北京：中国财政经济出版社，2005：27.

而"节点"的类型一般是有所差异的,所以我们可以把网络分为物质网络、人际网络和企业网络等类型,"节点"分别为有形物质、个人和企业等。此外,网络还可以根据连线的不同性质分为政治网络、销售网络和同学网络等。所以,从具体形式上看,企业网络中的"节点"就是企业,而不同的企业从事不同的经济活动,所以就会形成多种不同而具体的企业网络:研发网络、标准化网络、方案网络、纵向网络和横向网络等。简单地说,企业网络就是一个企业群体,而这个群体是由多个企业之间通过合作关系逐步建立起来的。因此,可以将企业网络定义为"由两个或两个以上独立的企业通过正式契约和隐含契约所组成的相互依赖、共担风险的长期合作的组织模式"。[1] 企业网络的功能不仅在于协调经济活动这一传统的企业功能,而且包括市场的交易功能,所以既不能简单地说它是企业,又不能简单地说它是市场,而是处于企业与市场之间的一种特殊的经济活动组织形式。企业网络作为一种特殊的组织形式,一方面它具有小企业的灵活性和大企业的规模经济优势,另一方面在避免小企业交易费用较高的同时,克服了大企业信息阻塞、管理费用高和反应迟钝等弊病。

2.3.1 企业网络的背景

在传统的经济理论当中,企业和市场是对资源进行有效配置的两种主要方式。然而,随着经济活动的复杂性不断增强,这种传统"两分法"的缺陷日益明显,并不能对实际的经济现象进行合理的说明。企业与市场之间的界限并非像理论当中描述得那样明显,两者之间是相互融合、相互渗透的,企业之间的合作程度不断加深,形成了多种新型的组织形式。这种现象在20世纪80年代尤为突出,这表明企业正在经历一场深刻的组织变革。威廉姆森(1975)称这种新型的组织形式为"混合结构",拉森(1993)把它比喻成组织之间的"握手",沃尔特·鲍威尔(Walter Powell,1990)认为这种类型的组织是介于企业与市场之间的组织形式,可称之为企业网络。从目前的情况来看,鲍威尔的观点得到了人们的普遍认可和

---

[1] 杨瑞龙. 企业理论:现代观点 [M]. 北京:中国人民大学出版社,2005:180.

推广。

20世纪80年代以后，企业呈现出网络化的趋势，许多新的组织形式不断涌现，不但数量众多，而且发展迅速。实际上，企业网络组织形式的大量出现和迅猛发展并非历史的偶然，而是一个渐进和发展的过程，是具有一定的社会、经济与技术背景的。

（1）社会背景

企业网络的出现是以一定的社会背景为基础的，比如：全球化的环境与资源问题，知识经济的迅速发展等。面对环境的不断恶化、资源的严重匮乏和知识的扩散效应，企业不能像过去一样"独善其身"，必须以系统的网络化思想来观察、分析所面对的经济现象。

资源与环境问题是社会背景的一个方面。20世纪末期，发达国家经历了粗放型的经济增长之后，它们逐渐意识到资源与环境问题的重要性，然后提出了人与自然环境和谐发展的战略。随着人们的环境保护与节约资源意识不断增强和各国对环境保护力度的不断加大，环境保护问题逐渐成为企业在决策过程中不可忽视的因素。但环境保护与控制污染对于单个的企业来说不仅在技术上难度较大，而且实施的经济成本很高，所以，企业往往采取网络化的组织形式，分担技术难度与经济成本，提高企业与产品的生存能力。同时，企业网络的出现也解决了资源问题：一是网络成员之间可以通过资源的共享来节约资源；二是网络成员之间的技术合作有利于新能源的开发和利用。

知识经济的出现和发展是社会背景的另一个方面。21世纪的经济是知识的经济，知识在企业的发展过程中起到了举足轻重的作用，而传统的生产要素，比如劳动和资本退居其次，而整个社会的经济形态也从工业经济转变到了知识经济。企业在知识经济当中必须从传统的、单纯的生产型组织向学习型组织、创新型组织转变。企业作为一种联盟可以实现成员之间知识的共享与能力的互补，增强网络组织的竞争能力。同时，企业作为网络组织的一个节点，具有比较高的灵活性，可以在信息交流的基础上进行知识的创新，使企业网络成为一个创新型组织。

(2) 经济背景

第一，经济全球化。第二次世界大战以后，世界政治和经济格局发生了重大变化，以经济和技术为主要内容的经济实力的较量代替了政治和军事斗争。战后国际分工和国际贸易的出现和发展改变了国家之间的经济关系，各国之间不仅是经济活动中的竞争者，更是合作伙伴，一个全新的经济格局逐渐形成。虽然各国或各地区之间仍然存在诸多的政治经济差异，独立性依旧明显，但国家之间或地区之间通过商品购买、劳务输出、技术交流、资金来往等方式，以及通过跨国公司的纽带作用，已经形成了一个世界经济体系。

经济全球化趋势的不断加剧首先体现在国际贸易额和国际投资量的不断增长上。20世纪60年代，全世界贸易额占全世界国民生产总值的比重为7%，70年代增长为8%，到90年代为20%以上。由此可见，世界经济一体化越来越明显了，而且国际分工也呈现出新的特点：一是产品的分工更加细，从以前的产品专业化生产到零部件的专业化生产，甚至到工艺流程的专业化；二是产品分工的领域不断扩大，产品的分工不再局限在一国之内，而是延伸到几个国家甚至几十个国家，哪里有最廉价的资源，哪里就会有相应的分工。国际分工的不断发展，使得国家之间的相互依赖性和合作性日益密切。

世界经济一体化也影响着人们的日常生活。在商店人们可以买到不同国家的产品，人们也在为许多跨国公司工作，我国的企业也在走出国门，面对国际竞争对手的挑战。企业的经营环境也不再是地区性的，而是面向世界，面向全球的。在这样一种外界环境中，单个企业面临着巨大的压力，面对的不确定性不断增强，经营风险也不断加大。因此，许多企业采取结盟的组织形式，形成企业网络，降低风险，共同面对环境的挑战。

第二，市场需求的变化。市场需求是企业生产的出发点和最终的归宿，而在当今的经济条件下，由众多消费者组成的市场已经发生了非常明显的变化。首先，企业与消费者之间的关系发生了实质性变化，优势逐渐掌握在消费者手中。这主要是由于生产技术的更新与发展，企业的生产率得到提高，从而产品的供应增加，最后导致买方市场的出现。其次，消费者需求呈现出个性化与多样化趋势。社会文化的发展使得人们在消费偏好上表现出差异性和快速替代的特征，消费者的消费观念发生了显著变化，个性化消费成为人们追逐的焦点，消费行为也呈现出多样化。最后，消费者对服务水平的重视不断增强。大量成功的企业案例表明，生产制造这种传统的利润源泉在现代企业失去了其核心地位，现代企业的经济利润更多源于研发、策划、营销、服务等一系列非生产性过程。市场中的这些变化使得传统的经济活动协调方式难以适应，难以取得较好的经济效果。企业在面对这些市场变化时开始采取网络这种全新的组织模式。企业网络使企业与消费者、相关组织之间保持密切的联系，从而可以充分了解消费者的需求状况，生产个性化产品，提供个性化服务，满足个性化需求，进而适应快速变化的市场环境，而单个企业往往很难做到这点。

（3）技术背景

信息通信技术的迅猛发展为企业网络的产生提供了技术基础，是企业网络产生的技术背景。在20世纪80年代，电子技术、计算机技术和材料技术等科学领域的突破性发展，给整个社会带来了一场革命。特别是微电子技术的广泛应用使计算机的存储与计算能力得到了极大的提高，而成本却大幅度降低，进而推动了信息技术的发展。因特网的出现彻底改变了人们之间的交流沟通方式，将人与人之间的距离急剧缩短。传统沟通方式的高成本和低效率极大地阻碍了企业之间的交流，而信息通信技术的产生和发展把这一障碍降到了极低的程度。企业可以通过网络等通信手段进行沟通，不但成本低廉，而且效率很高。所以说，信息通信技术作为企业网络出现的技术背景从效率和成本两个方面对企业之间的交流进行了改善，降低了企业建立联盟、维持联盟的成本，为企业网络的生存与发展提供了技术支持。

2.3.2 企业网络的类型

依据不同的分类标准，企业网络可以分为不同的类型，比如：按照功能可分为生产网络、销售网络和技术网络；按照成员之间的业务关系可分为垂直企业网络和水平企业网络。在本书中，主要借鉴刘东的分类方法，把企业网络分成与新经济联系密切的六种形式：虚拟企业、企业集团内部网络、企业集群、战略联盟、供应链网络和外包企业网络。

（1）虚拟企业

"从狭义来看，虚拟企业是为了响应灵活快速生产，由来自不同企业的人员组织在一起的，相互独立地分担了整个任务或项目的一个或多个子项目，并且组织成员之间密切交流、相互合作的集团。"❶ 单个的企业一般以会员的身份加入虚拟企业组织或系统，而组织通过信息、资源等手段把分散的单个企业组织起来，各个企业相互独立，可以自己决定加入或退出组织系统。

在新经济时代，消费者需求不断趋于个性化和多样化，而传统的单纯生产同一产品的生产方式不能适应时代的需要，企业之间的竞争方式发生了变化：在规模化生产的基础上进行个性化产品的即时生产。面对大规模生产与个性化产品之间的矛盾，企业为把握市场机会开始合作，某个虚拟企业成员负责产品生产的某个环节，最大化利用成员企业所拥有的个体信息与资源，最小化即时生产的成本与耗费，这便是虚拟企业的运作方式。在实际的经济活动中，一般是某一企业首先发现市场机会，但单个企业并不能抓住这一机遇，那么这一企业就可以通过组建虚拟企业把相关的其他企业组织起来，集合成员企业的不同的生产能力，在短时间内生产大量的个性化产品，而且在生产过程中并不需要进行额外的固定资产投资和人力投资。虚拟企业的作用在于集中各个成员的优势，为消费者提供个性化的产品或者方案，但虚拟企业的存在是基于任务的，一旦任务完成，那么该组织就会解体。当新任务出现时，虚拟企业会再次成立，但成员可能不同。

（2）企业集团内部网络

企业集团与企业网络不同，"企业集团是通过主管兼职或某种程度上的股票持有来确认企业之间连接关系的企业集合"。❷ 企业网络中未必存在制度性连接，而这是企业集团的核心特征，网络成员只是通过信息的共享和

---

❶ 刘东. 企业网络论 [M]. 北京：中国人民大学出版社，2003：22.
❷ 刘东. 企业网络论 [M]. 北京：中国人民大学出版社，2003：27.

人员的合作来组织到一起。今井贤一指出，企业网络就是企业集团的一种，企业集团与企业网络都是一种企业的集合，而在这个集合当中，"企业都采取协作的行动，二者的共同特征在于它们都是一种'场'，但区别是'场'的存在方式和拓展'场'的方式不同"。❶

（3）企业集群

企业集群是指在一定的地理区域之内，基于一定的专业分工与协作关系而组建的产业组织形式。企业集群的优势在于成员自身在进行专业化生产的同时，与其他成员进行信息、资源与知识的交流，进而提高企业的生产效率，所以企业集群是一种分工与协作的企业网络。与企业集团相比，企业集群内部成员之间的关系比较松散，是一种平等交易的市场关系，而不像企业集团通过正式契约建立起了层级结构，企业集群的维系依靠的是企业之间的相互信任和非正式契约等。简单地说，企业集团比较严谨，更拘束，而企业集群比较松散，更自由。

（4）战略联盟

"战略联盟是企业基于共同的战略目标而达成的长期合作安排。"❷ 联盟内部的企业类型多样，既可以是从事相似经济活动的企业，又可以是从事互补经济活动的企业。同样，企业之间的联合方式，既可以是强强联合，又可以是强弱联合，但不管是哪种方式，企业都是从战略角度出发来进行合作。战略联盟的动机在于企业长远的发展，目的在于分担成本、弱化风险、优势互补、提高企业的竞争能力。企业战略联盟的出现源于经济环境的变化：在现实的市场经济当中，竞争无处不在，尤其同行企业之间的竞争更为激烈，但企业之间的相互作用不断突出，企业不能忽视自身决策对其他企业决策的影响和其他企业反过来对自己的影响。所以，在相互作用的经济环境中，竞争并不是企业生存与发展的最优选择，而应当以合作推进竞争，建立合作的企业联盟谋取共同利益。

---

❶ 今井贤一，小宫隆太郎. 现代日本企业制度 [M]. 陈晋，随清远，等译. 北京：经济科学出版社，1995：109.

❷ 刘东. 企业网络论 [M]. 北京：中国人民大学出版社，2003：28.

（5）供应链网络

由于产品的生产过程一般包括几个不同的生产阶段，所以要想保证产品的及时生产和产品的质量，需要产品价值链上不同生产阶段之间的紧密配合。在传统的生产方式中，不同阶段分属不同企业，企业之间是一种市场交易的关系，而供应链的出现则摆脱了这种传统关系，实现了产品的即时化生产、个性化生产，最大化满足了消费者的需求。所以，"供应链网络中合作伙伴之间的关系是一种超市场关系，是产品供应商与客户之间建立的长期关系，以团队合作优于竞争为原则，保证为客户提供最好的服务，进而来实现利润的最大化"。❶

（6）外包企业网络

外包企业网络是把某些非核心的生产环节从一体化的企业中分离出去，而原企业仍然从事产品的研发、设计、销售等核心价值链环节的生产方式，比如：生产运动鞋的耐克公司本身只是一家非常小的工厂，主要从事产品的设计、广告与销售策划，而将97%产品的生产业务外包给中国台湾、东南亚等地区的工厂。外包的生产方式与传统的外部采购不同，需要主导企业高度深入到合作企业当中，对产品的生产进行密切关注。外包式的网络化生产的优势在于在更广阔的范围内对资源进行优化配置，降低产品的生产成本，增加产品的竞争能力。

2.4 公司规模与企业网络

由于网络的出现，公司的规模趋于变小，方式趋于变灵活，大有一种取代规模较大、纵向一体化公司的趋势，但大公司在网络经济当中仍有存在的必要性，特别是在高新技术领域，比如：IT领域的微软。

第一，为提高自身的吸引力，必须建立强大的知识基础。尤其是在高新技术领域，公司必须掌握多种潜在的技术才能在将来生存，而不能把资源全部投入在某一项技术上。当然企业可以通过外部购买而获得相关技术，

---

❶ 刘东. 企业网络论 [M]. 北京：中国人民大学出版社，2003：26.

但为提高对先进技术的吸引力，企业必须在公司内部建立强大的研发体系。而且作为网络当中的成员，企业应该对网络有所贡献，任何网络如果只有索取而无付出是不能生存下去的。规模大的公司资金实力雄厚，在知识积累、技术研发方面投资较多，有利于网络的建立，所以它的存在有其必要性。

第二，与网络联盟企业相比，大规模的企业虽然不够灵活，反应迟钝，但它们在知识管理方面更为有效。由于在企业内部具有相似的企业文化、相似的知识背景和相似的管理方式，所以对知识的管理更为高效，而这些在网络当中较为缺乏。知识在网络当中的传播与扩散需要跨越组织边界，需要在具有不同背景的人群中传播，这就增加了不少困难。

第三，在资本积累方面，企业比网络更具优势。企业可以通过股票市场和银行获取资本，而网络筹集资本的途径在目前还比较缺乏，所以大规模企业在资本密集型行业当中仍然具有存在的必要。

大规模公司不会消失，也不会取代网络组织的位置。相反，大公司在管理网络组织和推动网络化发展等方面具有重要作用。网络与大规模公司之间的关系不是替代关系，而是互补关系。

小 结

从抽象的数学角度来解读网络，网络的基本特征包括"节点"和"边"两个方面。"节点"是一个静止的概念，既可以表示抽象的存在又可以表示具体的事物，而"边"又可称为"链"，表示"节点"之间的各种关系，是一个动态的概念。具体到社会学的定义中，"节点"表示社会行动者，"边"表示社会行动者之间的相互关系；具体到经济学定义中，"节点"表示经济体，"边"表示经济体之间的经济联系。

网络分析法最早出现在社会学理论中，用于研究人与人之间的社会关系及其影响，而网络经济的繁荣和企业网络的大量涌现则是经济社会不断发展的产物。首先，随着经济的自由化和国际化，企业之间的联系不断加深，企业网络的建立不仅有利于企业获得外部的知识和资源，而且对降低企业的经营成本也有很大的好处，保护主义只会限制网络经济的发展。其次，激烈的市场竞争环境迫使企业必须提高生产与管理效率，把有限的资源用在最具优势与竞争力的环节上，所以企业网络的出现解决了这一问题，增强了企业的竞争能力，扩大了企业的经营领域。再次，组织与管理的创新也需要企业网络。传统的科层式管理或市场式管理均是两种极端的协调机制，不适用于企业之间网络关系的管理。所以，网络作为一种折中的管理工具和方法能更好地适应网络经济环境。最后，个性化的需求和解决方案对企业的灵活性提出了更高的要求，再加上快速更替的科学技术，企业网络成为应对灵活多变的市场环境的必然选择。企业网络的具体形式多种多样，本章主要介绍了虚拟企业、企业集团内部网络、企业集群、战略联盟、供应链网络和外包企业网络六种企业网络。不同的企业网络具有不同的功能，能够达到不同的经济目的，适应不同的经济环境。

第 3 章

企业网络的人类行为学基础

任何复杂的经济活动都可以简化为个人行为之间的关系,所以从人类行为角度入手来分析企业网络具有可行性和现实性。企业网络作为协调经济活动的方式之一,是与市场同样的抽象存在,而构成这些抽象存在的便是企业之间的相互作用的行为,也就是说构成抽象的企业网络的是具体的人类行为。人基于不同的目的采取不同的行为,并构建了不同的企业网络,比如:目的在于掌握潜在先进技术的研发网络、目的在于扩大技术影响的标准化网络、目的在于扩大市场势力进而延长产品生命周期的横向网络等。所以,要想认清企业网络的核心特征,就必须从考察人类行为入手,深入分析人类行为的特点。

本书研究分析的对象是人类行为,而不是产生人类行为的心理活动,二者有着本质的区别。心理学研究的是人类行为背后的驱动力量和因素,针对的是心理活动而不是行为,即是什么原因导致了不同的人类活动。人类行为学的研究是针对行为本身的,并不考察行为背后的各种不同动机。人类行为的产生有一定的先决条件。当人们处于满足状态时并不能产生人类行为。也就是说,人类行为具有目的性。只有行为人想用一种更好的状态代替目前的不满状态时,才会产生人类行为,而对自己目前的状态很知足的人并没有动机来改变,也不会产生人类行为,他只是幸福地活着。简单地说,人类行为就是争取幸福的过程。在人类追求幸福的过程中,"人类生活是由一个个连续不断的单独行为组成的，而这些单独的行为并不是孤立的。它是由不同的人类行为组成的行为链上的一环，它们之间是相互影响的"。❶ 社会人的行为受到遗传和环境的影响，他不是一个孤立的存在，他是一个或数个国家的公民，一个或数个社会群体的成员。"他的意识形态是环境赋予他的，是从他人那里学习得来的，只有极少数的人才能创造出新的思想。"❷ 总之，人类行为之间是相互作用的，人不能脱离社会联系而存在，人是生活在到处充满联系的网络当中的。在人类行为相互作用的具体形式中，竞争与合作是主要的两方面内容。竞争与合作相互融合，边界并不明显，往往是竞争中有合作，合作中有竞争。在传统的经济理论中，市场完全竞争是整个体系的前提，一切问题的阐述均是在这一假设下进行的，但现实的经济生活却到处都存在各种形式的合作：短期的、长期的；个人的、企业的；等等。这就迫使经济理论的研究不能忽视人类行为的合作性，对合作性的重视必将增强经济理论对现实经济现象的解释力度。

3.1 新古典经济学与奥地利学派经济学的相关研究

19世纪70年代，新古典经济学派的杰文斯、瓦尔拉斯与奥地利学派经济学家门格尔几乎在同一时间发起了边际革命。边际革命对新古典经济学进行了发展，提出了经济学研究的微观基础，即人类行为。而边际效用理论的提出说明经济学家开始关注人的主观性动机，但在20世纪30年代以后，新古典经济学逐渐开始以实证为特征，通过对现实经济现象的经验分析得出相关结论，进而导致关于人类行为的主观成分越来越少。经济学是研究由人类行为所构成的复杂现象的规律，在这点上，不同学派的经济学家持相同的观点。那么，经济学研究应该关注的是经济现象还是人类行为？新古典经济学与奥地利学派经济学给出了不同的答案。

---

❶ 米塞斯. 人类行为的经济学分析 [M]. 郭笑文, 聂薇, 裴艳丽, 译. 广州：广东经济出版社, 2010：33.
❷ 米塞斯. 人类行为的经济学分析 [M]. 郭笑文, 聂薇, 裴艳丽, 译. 广州：广东经济出版社, 2010：34.

新古典经济学家通过观察经济现象，然后从中抽象出包含关键变量的理论模型，该模型是对现实和人类行为的假设。同时，检验该模型的不是真实的经济数据和现象，而是被简化的、经过筛选的数据和现象。经济学家已经根据"理论模型"的需要对相关数据进行了处理，合适的可得的数据被保留下来，而无关的则被排除，这种选择数据的方法把复杂的经济现象极度简单化。虽然最终的检验结果可能说明理论模型具有"较强"的解释能力，但这种解释能力是以人类行为不合理的假设和经济数据的刻意筛选为前提的。与新古典经济学家不同，奥地利学派经济学家在进行研究时，并没有做非现实的假设，建立非现实的理论模型。奥地利学派以真实的人类行为作为出发点，从中总结出最一般的公理，然后通过公理来解释复杂的经济现象。奥地利学派反对从复杂的经济现象当中直接观察归纳出规律，例如，哈耶克就认为复杂现象本身具有不可知性。奥地利学派认为复杂的经济现象是有意识的人类行为所产生的无意识结果，所以经济学的研究必须从人类行为开始。

奥地利学派经济学家对人类行为进行了真实的刻画，总结出两个方面的特征："一是人类行为的目的性；二是人类偏好、人类预期和人类知识所固有的非决定性和不可预知性。"[1] 新古典经济学则没有真实地刻画人类行为，而是出于理论研究的需要对人类行为作出了高度的简化和抽象。比如：在微观经济理论中，均衡的存在是一个假设前提，所有的研究都是针对均衡条件下的人类行为的，而对非均衡状态、不确定条件下的个体行为并未涉及，因为这种人类行为过于复杂，很难将其结合到模型当中去。经济学要想成为一门科学，必须对人类行为进行高度的简化，用事物之间的关系代替人类行为之间的关系，这是对新古典经济分析方法的高度概括。本书的写作则主要参考奥地利学派的观点和做法：从人类行为出发来研究复杂的企业网络现象。通过对人类行为的目的性、相互性和合作性的深入分析，来探求企业网络的形成过程、企业网络的发展演变以及企业网络的构建等现实经济问题。

---

[1] 朱海就. 市场的本质：人类行为的视角与方法 [M]. 上海：上海人民出版社，2009：27.

3.2 人类行为的目的性

3.2.1 目的的多样性与"经济人"假设

在企业网络中,人类行为的目的性体现在基于不同目的的网络选择。人类行为的目的存在多样性,但经济学的研究极度简化了这一因素,把行为人视为只是最大化经济利润或自身效用的"经济人"。这种思维方式对经济学的研究是至关重要的。

(1) 目的的多样性

选择在人类的生活当中居于重要地位,人们无时无刻不在进行着各种各样的选择。所有的目的与手段、物质的与精神的、高级的与低级的都在接受选择的决定,人们要想达到任何目的或避免任何情况必须借助选择来实现,必须与偏好等级保持一致。经济学从本质上来说就是一门关于如何选择的科学,是一门手段科学,是在一定约束条件下的不同目的之间的选择,所以说选择决定了人类所有的决定,对任何经济问题的分析与研究都不可避免地始于选择的人类行为。

由于人类是一种复杂的社会性动物,所以人类行为的产生可能来自多方面的原因,比如:各种生理需求就会促使人实施各种行为;交往需求和自我价值实现的需求同样也会产生人类行为。心理学家亚伯拉罕·马斯洛(Abraham Maslow)认为,人类的需求分为"生理需求、安全需求、归属与爱的需求、尊重需求和自我实现需求五个方面"[1]。当人的较低层次的需求得到满足之后,人们就会把目标放在较高层次的需求上,这是符合人类行为的发展规律的。所以,在该理论中,我们可以看出人类行为的目的是多种多样的。

(2) "经济人"假设

在传统的微观经济理论中,最为基本的假设之一就是理性的个人争取最大化的效用和利润。这一思想观念把人类行为目的的多样性进行了高度

---

[1] 马斯洛. 动机与人格 [M]. 许金生,等译. 北京:华夏出版社, 1987:12.

简化，只考虑行为人的经济目标，而忽视了人类行为的其他行为内容，这是经济学研究的必要简化。

"经济人"这一概念最早源于亚当·斯密在《国富论》中的一句话，后来经过纳索·西尼耳（Nassau Senior）和约翰·穆勒（John Mill）的发展，最终由维尔弗雷多·帕累托（Vifredo Pareto）将该名词引进到经济学领域。所谓"经济人"，简单地说就是最大化自身利益的人，这一概念是在两个范式的基础上综合而来的：一是斯密追求利润最大化的生产者分析范式；二是边际革命提出的追求效用最大化的消费者分析范式。"经济人"在经济活动当中以最大化物质利益作为自己的目的，为实现这一目的，"经济人"可以不择手段，以最小的付出获取最大的回报。这种思想的产生是为了适应经济学研究的需要，把复杂的人类行为简化为只追求经济利益的人类行为，这有利于经济学的量化，进而体现出经济学的科学性。

3.2.2 理性与非理性

（1）理性与非理性

"理性指能够识别、判断、评估实际理由以及使人的行为符合特定目的等方面的智能。理性通过论点与具有说服力的论据发现真理，通过符合逻辑的推理而非依靠表象而获得结论和行动的理由。非理性指的是人在正常状态下的除艺术行为外的不正常行为。"❶ 其中理性在人的行为当中起着更为主导的作用，支配着人类进行的各种思想和行为；而非理性是理性的反面，对人的行为起着干扰的作用，但非理性有其存在的必要性，它能够区分不同的人性，是人类多样性的一种体现。

人类行为是有意识的行为。也就是说，"人类行为是在意识被实施后转化为行动，是有目标的，是行为人对外界刺激和环境状况的有意识的反应，是行为人针对能够决定其生存的事物状态进行的有意识的调整"❷。有意识

---

❶ 斯蒂格利茨，沃尔什. 经济学 [M]. 黄险峰，张帆，译. 北京：中国人民大学出版社，2005：21.

❷ 米塞斯. 人类行为的经济学分析 [M]. 郭笑文，聂薇，裴艳丽，译. 广州：广东经济出版社，2010：3.

的人类行为与无意识的人类行为之间存在根本的差别。无意识的人类行为是一种不自觉的反应，是人体神经系统对外部环境刺激的本能反射，它并不带有人的主观判断。而有意识的行为正好相反，它是人们经过理性思考而采取的行动，是以一定的目的为出发点的。

（2）"理性人"假设

"'理性人'假设（hypothesis of rational man）是指作为经济决策的主体都是充满理智的，既不会感情用事，也不会盲从，而是精于判断和计算，其行为是理性的。"[1] 从本质上来看，"理性人"是对现实经济生活当中真实人基本特征的高度概括和抽象，是经济理论研究的必要前提。"理性人"的基本特征就是自私和完全理性：人类的行为都是利己的，都是以最小的成本最大化自身利益的；而且人类行为都是在完全理性的条件下产生的，人们掌握充分的信息、具有稳定的偏好和很强的计算能力，并能在众多的方案当中作出最优选择。

"理性人"概念是在"经济人"假设的基础上发展而来的。1776年，斯密在其经典著作《国富论》当中把追求利润最大化的个人作为经济分析的起点，从生产者的角度分析了经济活动的产生和发展，为新古典经济学奠定了基础；19世纪70年代，边际革命的产生把经济分析的重点从传统的生产者角度转换到消费者角度，提出了消费者效用理论，这是主流经济学分析问题的一种全新范式。帕累托则进一步综合了生产者利润范式和消费者效用范式，提出了具有最大化自身利益倾向的"经济人"假设。"经济人"假设肯定了人性的自私，而这招致了经济学界内外的批评。所以，在20世纪20年代以后更为抽象的"理性人"逐渐代替了"经济人"，因为"理性人"是一种更为抽象的用语，在一定程度上缓解了人们的批评与质疑。此外，在萨缪尔森对经济学的数理化过程中，他对许多经济学术语进行了重新表述，"理性人"概念在此过程中逐渐确立了在经济学中的地位。

---

[1] 斯蒂格利茨, 沃尔什. 经济学[M]. 黄险峰, 张帆, 译. 北京：中国人民大学出版社, 2005: 23.

所谓"理性人",即"简单来说就是约束条件下最大化自身偏好的人"。[1]

"有理性的个人争取最大的效用和利润,并以完美的预见能力进行市场运作,这一思想观念主宰了传统的微观经济学理论。"[2] 对经济学不甚了解的一些人,往往会对经济学提出质问:为什么要忽视现实生活当中的非理性,而单纯地认为人是理性的?为什么要相信人们在买进什么、卖出什么以及在什么价格买卖上,能够作出合乎理性的、准确无误的判断?所以当今的经济学研究逐渐抛弃了完全理性,而引进了"有限理性"和"不完全信息"等概念。即使我们掌握的信息是不完全的,面对的未来是不确定的,但是仍然能够根据不完全信息的发生概率进行权衡,然后作出合乎理性的最好的判断。著名的经济学家约瑟夫·斯蒂格利茨(Joseph Stiglitz)、哈里·马克维茨(Harry Markowitz)、乔治·阿克洛夫(George Akerlof)等人都在这一领域作出了巨大贡献。

关于理性在经济学研究中的地位和作用,不同领域的人给出了不同的答案:在学术界的经济学家和在市场中的交易者对待理性的态度是截然不同的,前者一般倾向于理想化的抽象结果,后者则一般不会过度追求理性。传统的新古典经济学家对世界的经济现象进行了高度的抽象和简化,得到数量有限的经济变量,并构建出各种经济模型,然后通过模型来描述、解释经济活动,而这与市场当中的交易者经历的真实世界大相径庭。坚守新古典主义的经济学家认为市场经济的运行最终将达到均衡的状态,而价格始终处于恰当的水平,并且不能为某个人所左右。他们认为,"元体"掌握着完全的信息,而且会采取最优的策略来参与竞争,并争取最大的经济利益。但实际情况却是市场当中的交易者通过互动策略博弈来发现机会,并生存下来的。"元体"并非掌握完善的信息,它们只是发挥自己的潜能去发现属于自己的市场机会;"元体"也未采取最优的策略,它们不仅缺乏如何确定"最优"的能力,而且在许多情况下也缺乏发现最优策略的意愿。

---

[1] 金迪斯,鲍尔斯. 走向统一的社会科学:来自桑塔费学派的看法 [M]. 浙江大学跨学科社会科学研究中心,译. 上海:上海世纪出版集团,2005:23.

[2] 鲍尔. 预知社会:群体行为的内在法则 [M]. 暴永宁,译. 北京:当代中国出版社,2010:167.

鲍尔指出,经济活动当中的交易者可以分为两大类:一是传统型的基本分析派;二是经验的动向归纳派。[1] 前者是坚定的理性主义者,主张自由开放的市场经济,他们认为价格是对产品真实价值的反映,体现着市场的供需状况,故应该在均衡价格的基础上进行产品的买卖。相反,后者从经验的角度出发,认为对人类历史行为的分析与研究可以预测出将来的市场价格,故应该从经验或直觉出发来作出经济决策。所以,交易者的两大分类恰恰代表了对待理性的两种截然不同的观点。

经济学研究中的"元体"经历了从"完全理性"到"有限理性"的非理性化趋势,逐渐切合经济实际,但微观经济学当中的这种转变还是不够的。当经济生活当中的"元体"面临多重选择时,不同的选择将会带来不同的经济后果。那么,就不能忽视个体的选择对其他个体的作用,特别是当相互影响的个体数量较少时,比如:寡头垄断的市场结构。所以,我们必须在人类行为的分析当中加入另一个因素,即相互作用。

3.3 人类行为的相互性

3.3.1 物理学中的相互作用

"物理学当中的相互作用指的是当一种物质通过相互接触或通过'场'对另一种物质发生作用时,必然会受到另一种物质的反作用。"[2] 一般包括四大类:万有引力相互作用、电磁相互作用、强相互作用和弱相互作用,其中万有引力相互作用和电磁相互作用是宏观领域的现象,而强相互作用和弱相互作用属于微观领域,但强相互作用是最强的,而万有引力是最弱的。理论物理学的分支学科——统计物理学,便是研究粒子之间相互作用的学科,它借助概率统计的方法,来探索宏观物体物理性质和运行规律的微观粒子基础。所以,统计物理学是连接微观领域与宏观领域的桥梁,从

---

[1] 鲍尔. 预知社会:群体行为的内在法则 [M]. 暴永宁,译. 北京:当代中国出版社,2010:169.

[2] 罗以密,严导淦. 物理学 [M]. 上海:华东理工大学出版社,2004:17.

方法论意义上来看，这种思想非常重要，有利于我们对复杂经济现象背后的人类行为进行更为深入的研究。

如果说统计物理学借鉴了社会科学方法的话，那么新古典经济学说的研究与发展无疑从自然科学中得到了启发，尤其是物理学。传统经济学研究的目的在于建立像物理学一样精确的科学体系，而在原子微观世界适用的各种客观规律能否扩展到变幻莫测的人类行为当中来，这仍旧是一个难以给出精确答案的问题。有人认为，虽然物理学当中的微观原子与经济学当中的人类行为均存在相互作用的特征，但是原子是无意识的物质存在，而人是有意识和能动性的高级动物，所以经济学模型并不能很好地解释真实的经济现象。但弗朗西斯·埃奇沃思（Francis Edgeworth）认为，经济学的目标"与其说是打下来某一只确定的鸟来，不如说是向鸟群中最密集的地方开枪，为的是打下最多的数量来"❶。所以，经济模型针对某一经济现象解释的失败，并不能否定经济学研究的科学性和必要性，经济学中自然科学的思维要素仍旧十分必要。

"行为人就像一群驾着战车的驭者，而驱使他们奔驰的动力是追逐快乐。"❷ 在社会经济生活当中，作为最小社会单元的单个具体的人就像组成物质最小单元的原子一样，彼此之间相互作用、相互影响，形成了各种复杂的经济活动、社会活动等。总之，经济学研究的重点在于人的群体行为，而人的行为群体与原子群体表现出极大的相似性，比如：概率定律、统计规律等。所以，经济学家们研究的重点在于人类群体特征，如平衡，"是指当市场中的每个个体为实现自己的最大扩展而相互纷乱碰撞时市场会趋向的状态"❸。经济学家相信市场应当是稳定的，只是受到无规则噪声的轻度干扰，这种思想显然是借鉴了物理学当中的均衡概念。

---

❶ EDGEWORTH F. Test of accurate measurement [J]. In Papers Relating to Political Economy, 1925, 37 (1): 331-352.

❷ 鲍尔. 预知社会：群体行为的内在法则 [M]. 暴永宁, 译. 北京：当代中国出版社, 2010: 163.

❸ 鲍尔. 预知社会：群体行为的内在法则 [M]. 暴永宁, 译. 北京：当代中国出版社, 2010: 58.

3.3.2 经济学中的相互作用

物理学对于经济学的借鉴价值在于拓展了分析经济问题的角度,提供了新的分析工具。对于相互作用个体的研究,物理学已经有100多年的历史,而且已经形成了比较成熟的分析程序和方法,虽然我们不能直接把物理学的方法套用到经济学当中,但是批判性的借鉴并不为过。

经济系统当中的相互作用主要体现在两个方面:直接的和间接的互动性。首先,交易者之间的行为会直接产生影响。比如:某只股票的买疯与卖疯,会带来其他人的盲目跟风,跟着抢购或抛售,最后造成难以控制的股市暴涨与暴跌,这便是个体之间的相互作用导致的宏观经济形势的变化。而在传统的微观经济模型中,个体之间的相互作用并未被考虑在内,该模型认为股市的暴涨与暴跌是由于受到外来因素的冲击影响或者是由于独立的经济个体同时采取了一致的行动。其次,交易个体之间的相互作用还会产生间接影响。经济个体的选择行为直接对商品的价格产生上升或下降的影响,而价格的上升或下降又影响到其他经济个体的选择行为,所以说经济个体的商品选择行为间接影响了其他个体的选择行为,这是交易者之间相互作用的间接影响。

德国波恩大学的数学家汉斯·福尔默(Hans Follmer,1974)率先把相互作用的概念引入微观经济学当中来,提出了"互动元体"的经济模型。"元体"是指市场理论或者模型中的每个参与物品交易的个体,或者是个人,或者是公司等实体。福尔默的经济模型是建立在伊辛模型之上的,而伊辛模型是一个简化的磁体模型:磁体当中的原子都有一个固定的位置,就像拥有自己的房间一样,而且每个原子必须从两个相反的方向当中选择一个自旋方向,这取决于原子周围其他原子的选择,因为原子的磁场会相互之间施加作用力。福尔默对伊辛模型进行了经济学上的扩展,他把磁体当中的原子与经济活动当中的相互作用的经济个体等同起来。他通过分析发现,"互动元体"模型最终产生的均衡状态并非只有一个,即众多经济"元体"之间的相互作用产生的宏观经济面貌有多种,这也说明市场经济的均衡不是单一均衡,而是多态均衡。美国经济学家史蒂文·杜尔劳夫(Steven Durlauf, 2020) 在"互动元体"模型的基础上于20世纪末提出了"平均场理论":每个原子所受到的相互作用的影响并非只来自它的周围,而是所有原子相互作用的平均结果。这种平均场近似的方法较好地切合了实际,对经济现象有较好的解释能力,以股市为例:在上海交易所进行股票买卖的股民的经济行为,不仅要受到周围股民行为的影响,而且通过现代化的即时通信手段,这些股民还可能受到纽约股票交易所和东京股票交易所的影响。

人类行为的相互性在企业网络当中的体现就是网络成员之间的相互作用,以博弈论对此进行分析最为合适。博弈论又称对策论,是研究人们在竞争性的活动中如何选择的数学理论,所以说博弈论这种方法是分析人类行为互动性的必然选择。

3.4 人类行为的竞争性与合作性

3.4.1 竞争与合作

竞争是一个含义非常广泛的概念。在生物学中,竞争指同种或者不同种的生物个体之间,为了生活必需的食物、空间等自然资源而产生的相互作用。达尔文的"物竞天择,适者生存"便是对竞争最好的描述。在经济学当中,"竞争是指以自身利益最大化为目标的个人或企业为争取市场机会而展开的各种行为"。[1] 而合作是指个体之间或群体之间为达到某一个共同的目标而相互配合、相互支持的行为。

在市场经济当中,人类行为的相互作用具体体现为竞争与合作两个方面的内容。其中竞争在传统的经济理论当中占据着统治地位,从斯密的《国富论》开始,到新古典经济学派,再到奥地利学派,都充斥着对竞争的推崇与膜拜。但合作作为人类的本性之一,仍然有其存在的空间,特别是"囚徒困境"的出现,为合作行为的必要性奠定了基础。简单地说,"囚徒困境"体现了竞争或者说非合作行为与效率的悖反。传统经济理论认为人

---

[1] 林德布鲁姆. 市场体制的秘密 [M]. 耿修林, 译. 南京:江苏人民出版社, 2002:15.

与人之间的竞争性行为不仅满足了个人对利益的追求，而且在无意中带来了最大的社会利益，关于这一点，斯密有过经典的论述："一个人追求自己的利益，往往使他能比在真正出于本意的情况下更有效地促进社会的利益。"❶ 但是"囚徒困境"的出现说明：盲目地一味竞争会导致两败俱伤的结局，而相互合作的行为对双方均有利。而在现实经济活动当中的经济行为也恰恰证明了这一点，人与人之间或者企业与企业之间并非完全的竞争关系，更多的是一种适时的合作关系，比如：企业之间的联盟、各类企业网络等，这些都是企业之间合作关系的例证。所以，对人类行为的合作性进行经济学和生物学的分析十分必要。

3.4.2 合作的种类

人类行为的竞争性与合作性主要是针对博弈的最终结果而言的，即重点考察最终结果是体现了个体理性，还是集体理性，而一般不会涉及行为背后产生的心理动机。在博弈论当中，竞争性与合作性主要表现为两种类型的博弈：非合作博弈与合作博弈。其中非合作博弈占据主导地位，这主要是因为在传统的经济理论中人性的自私自利是主要的假设前提之一，人与人之间主要是竞争关系，但这并不意味着非合作的博弈不可能产生合作的结果。两种博弈的区别在于非合作博弈中的合作行为只有当其符合个体参与人的个人利益时才会发生，而合作博弈则不需这一前提条件（但合作博弈需要有约束力的协议）。合作与非合作指的是行为的实施依据：前者基于集体利益而采取行动；后者基于个体利益而采取行动。所以，人类的合作行为可以分为两大类：一类是既符合个体利益又符合集体利益的自发的合作行为；另一类是个体利益与集体利益相冲突的需要"有约束力的协议"的合作行为。

在博弈论当中，这两种不同类型的合作行为产生的机理也是不同的：第一类合作行为是无限重复博弈的产物；第二类合作行为是合作博弈的产物。所以，本书的分析也主要从这两个方面入手来分析人类行为的合作性，

---

❶ 斯密. 国富论 [M]. 郭大力，王亚南，译. 北京：商务印书馆，2015：75.

进而研究企业合作网络产生的人类行为学基础。

3.4.3 合作的产生

本部分主要对合作博弈的人类行为学基础进行分析，考察需要"有约束力的协议"的合作行为产生的条件，即人在什么条件下会采取集体行动的行为，而不是自私的行为。"人类个体之间相互合作并分享利益往往优于个人独自行动的效果。在这种情况下，个人之间的合作给群体带来的收益要大于个人付出的成本。但是，对每个个体来讲都有'搭便车'的动机，即只获得收益而不付出成本。所以，若每个人都遵循这种自利的逻辑，那么合作也就不可能存在。合作，从集体受益而个人支付成本的意义上讲是具有利他性的，那么这种利他性的行为为什么不会被自利的行为者排除掉呢？"[1]

在传统的经济学理论中，"自利"与"效率"是两个非常重要的支点，即个体自利的行为最终导致经济效率。但在"囚徒困境"中，二者却出现了不可调和的矛盾，使得经济学家不得不开始反思"理性"或"自利"在人类合作行为产生过程当中的作用，核心的经济学假设受到了现实的挑战：如果坚持效率的原则，那么经济学家必须承认，在某些情况下导致人类合作的原因并非是"理性"。柏林洪堡大学的经济学教授沃纳·古斯（Werner Guth）于1981年开展了一项博弈实验，名为"最后通牒"。[2] 实验内容：让两个实验对象分一笔钱，比如：一百美元，随机决定分配权赋予其中一人；如果被动的一方接受分配方案，则按提出方的意见进行分配；如果被动方不同意分配方案，则两个人分文不得。前提假设：实验参与人不能进行"合谋"；该博弈过程只进行一次。按照理性人假设的推断，即使分配方提出99∶1的分配方案，即分配方得99美元，被动方得1美元，被动方也应该接受该方案，因为若不接受，则一分钱也得不到，所以99∶1是一个

---

[1] 金迪斯，鲍尔斯. 走向统一的社会科学：来自桑塔费学派的看法 [M]. 浙江大学跨学科社会科学研究中心，译. 上海：上海世纪出版集团，2005：9.
[2] 金迪斯，鲍尔斯. 走向统一的社会科学：来自桑塔费学派的看法 [M]. 浙江大学跨学科社会科学研究中心，译. 上海：上海世纪出版集团，2005：11.

"纳什均衡"。然而，实验结果却出乎意料：首先，分配者提出的方案大多数比较公平，一般为"四六开"或"五五开"；其次，分配者提出的特别不公平的方案几乎全部被拒绝。古斯教授总结认为，受试者是依据其公平理念而不是利益最大化来决定其行为的。这种类似的实验还有很多，但都说明了一个道理：人是完全自利的这个经济学假设是存在问题的。很多实验对象并非一味地追求物质利益，而是更关心公平和互惠，而且他们愿意为改善分配方案而付出一定的成本，在奖励采取合作行为的人的同时，对不采取合作行为的人进行一定的惩罚，即使这些行为需要自身付出很大的代价。这种行为方式便是一种"强互惠"。虽然"囚徒困境"和"最后通牒"实验均揭示出了理性人假设的局限性，但分析的角度不同："囚徒困境"是从逻辑推理层次指出了"理性人"假设的内在矛盾，而"最后通牒"则从经验层面对其不足进行了揭示。

所谓"强互惠"（strong reciprocity），金迪斯给出了明确的定义，"它是一种具有'利他'倾向的第三方惩罚行为或惩罚机制，虽然和我无关，甚至需要我付出巨大的代价，但我仍然要对'恶人'宣战，以此来'惩恶扬善'"[1]。简单来说，"强互惠"就是一种正义感，正是由于在人类社会中存在这种利他的行为，才使得人与人之间的合作成为可能，这种行为动机是传统的"理性人"假设所无法包含的。人类行为的合作性和亲社会的情感平衡了进化赋予人类行为的另一种天性：冷酷的自私和理性的算计，正是这种"中和"使得人类社会没有堕落到托马斯·霍布斯（Thomas Hobbes）的"丛林社会"，人与人之间处处存在着"温情"，合作也没有销声匿迹。

小　结

企业行为与人类行为具有很大的相似性：人类行为具有目的性、相互

---

[1] 金迪斯，鲍尔斯. 走向统一的社会科学：来自桑塔费学派的看法 [M]. 浙江大学跨学科社会科学研究中心，译. 上海：上海世纪出版集团，2005：18.

性、竞争性与合作性；企业行为则表现为对利润最大化的追求、企业之间的激烈竞争、企业之间的联盟与合作。所以从人类行为入手，分析企业网络的人类行为学基础是合理的和必要的。在新古典经济学中，人被假定为只是追求自身利益的"经济人"，且偏好具有稳定性。所以，在分析宏观经济现象时，新古典经济学家从中抽象出关键变量并建立相关理论模型，然后借助筛选的简化的数据对模型进行实证检验。这种对经济现象的高度简化以人类行为的不合理假设为前提。与新古典经济学不同，奥地利学派以真实的人类行为作为出发点，从中总结出最一般的公理，然后通过公理来解释复杂的经济现象。奥地利学派反对从复杂的经济现象当中直接观察归纳出规律，例如哈耶克就认为复杂现象本身具有不可知性。奥地利学派认为复杂的经济现象是有意识的人类行为所产生的无意识结果，所以经济学的研究必须从人类行为开始。

人类行为的目的性在企业网络中表现为企业基于不同的经济目的而选择不同的网络类型；人类行为的相互性则表现为企业网络成员之间的竞争与合作，不管企业之间的行为是竞争的还是合作的，均可以导致企业网络的产生，即合作结果的产生。此外，人类行为的相互性在企业网络中还表现为网络组织整体的动态演化，这部分内容将在第6章进行详细的论证分析。

第4章 企业网络的形成机理分析

关于人类行为的目的性、相互性、竞争性以及合作性，上一章已经进行了详细分析，那么人类行为所表现出来的这些特性，在企业网络的形成和发展过程中究竟是如何体现的？这是后续章节将重点探讨的内容。相互作用的现象在自然科学领域和社会科学领域中广泛存在，而企业网络这种新型的组织形式也是企业之间相互作用的产物。企业是一种通过为社会或消费者提供商品或服务而获得经济利润的组织，科斯对企业的本质有过经典的论述：市场和企业是经济活动的两种可相互替代的协调方式，其中在市场当中产生交易成本，而在企业当中产生管理成本，所以企业对市场的替代是对交易成本的节约，二者平衡的边界在于两种成本的比较。然而，市场和企业作为协调经济活动的主导方式只是两种极端形态，在二者之间存在大量的中间组织形式，企业网络就是对这类组织形式的综合表述。由于企业之间行为的相互作用方式、作用时间不同，所以企业网络的具体形式多种多样，比如：短期的局部的合作网络和长期的全面的合作网络，前者保持了市场的灵活性和自由度，而后者则有利于企业的长远发展和战略目标的实现。

虽然企业网络的具体形式种类多样，但是从人类行为学的角度来分析，每种企业网络都是企业经济行为之间相互作用的结果。企业之间的行为同样包括竞争性与合作性两个方面，所以本章主要从人类行为的特征出发，基于竞争性和合作性对企业网络的形成机理进行博弈分析。以竞争性为基础的是非合作博弈，即在追求自身最大化利益的驱使下与其他个体之间展开博弈；而以合作性为基础的是合作博弈，即为了集体利益与其他个体进行合作。

4.1 非合作博弈

企业之间之所以建立网络联系、成立网络联盟并非出于企业的合作与无私精神，而是出于他们对自身利益的打算。这是以非合作博弈方式形成的企业网络的本质特征。在非合作博弈中，协议对企业没有强制力，所以企业总是从自身利益出发采取个体行动，最终导致的是竞争性的结果。按照传统的经济学理论，这种由竞争产生的均衡结果是最优的，对竞争双方均有利。然而"囚徒困境"的出现说明竞争与效率之间并不总是统一的，竞争对双方的利益均产生损害，存在帕累托改进的空间。所以，合作的企业行为是在此背景下产生的，但合作的形成需要突破纳什均衡，走出"囚徒困境"。从"囚徒困境"到有限重复博弈，再到无限重复博弈，这是竞争性个体之间产生合作行为的途径。合作行为的产生并不是对个体竞争本性的否定，而是由于个体对长期利益的考虑而改变了竞争行为。虽然无限重复博弈能够促使合作行为的产生，但这种分析并没有考虑到外界冲击的影响，比如：经济环境的急剧变化可能使得企业经济利益的核算发生改变，进而无限重复博弈不再处于均衡状态。所以，在无限重复博弈的基础上引进动态分析是非常必要的，跟随战略便是应对动态变化的最优策略。

4.1.1 合作的前提

在博弈论当中，"囚徒困境"是最简单的非合作博弈模型，所以这也是我们分析的起点。这一概念最早是由普林斯顿大学的教授艾伯特·塔克（Albert Tucker）于20世纪50年代提出的。在非合作博弈中，行为人被假定为理性的，这里的理性主要体现为两个方面：一是推理理性。在现实生活中，每个人都具有一定的理性，我们可以根据规则从"已知前提"推理到"未知结论",这也是人类区别于动物的主要特征之一。人的推理理性主要指演绎推理,在于对抽象规律的把握,因为归纳推理是所有动物的本能,它并非人类理性核心所在。二是行为理性。人类的理性不仅体现在抽象的推理过程,更体现在具体的行为上。"所谓的行为理性就是指人具有从诸多行动中选择最优行动的能力。"❶

在"囚徒困境"的原始模型中,博弈参与方是两个罪犯,面临合作与背叛两种选择。在不知对方选择的情况下,两名罪犯最终达到纳什均衡,但这种均衡损害了整体利益,这就是所谓的"困境",即双方都选择背叛造成的结果比双方都选择合作要差。在这个原始模型的基础上,把博弈参与人变成两个企业,博弈策略包括合作与竞争,进而可以构建两个企业之间合作与竞争的博弈模型,❷ 见表4-1。

表4-1 企业竞争与合作博弈模型

企业甲	企业乙	
	合作	竞争
合作	(C, C)	(L, H)
竞争	(H, L)	(D, D)

博弈方为企业甲和企业乙;博弈策略为合作与竞争;博弈收益分别为 H, C, D, L 四种,其中 H 表示当企业乙(甲)采取合作策略而企业甲(乙)采取竞争策略时,采取竞争策略一方的收益,而采取合作策略一方的收益为 L;C 表示企业甲和企业乙都采取合作策略时,双方的收益;D 表示企业甲和企业乙都采取竞争策略时,双方的收益。按照"囚徒困境"的解释,均衡 (D, D) 为纳什均衡,而且困境的形成需要四个收益之间保持一定的关系:第一种关系是四个收益之间的大小排序,即 $H>C>D>L$。H 为最高收益,是企业面临的"诱惑";L 为最低收益,是企业面临的"威胁";C 要大于 D,即双方合作得到的收益大于双方竞争得到的收益。第二种关系

---

❶ 潘天群. 合作之道:博弈中的共赢方法论 [M]. 北京:北京大学出版社,2010:10.
❷ 阿克塞尔罗德. 合作的进化 [M]. 上海:上海人民出版社,2007:6.

是采取竞争行为而获得的"诱惑" H 不能无限大，它的取值必须符合 $2C>(H+L)>2D$，即企业双方合作创造的收益之和是最大的，大于差异策略下的收益，大于竞争均衡的收益，这是符合经济学常理的。$C>\dfrac{H+L}{2}$ 说明企业之间不能通过交替采取竞争行为而摆脱"困境"。这两种假设关系是"困境"形成与存在的基础，若不满足其中任何一种，则纳什均衡不能形成，也就无所谓"困境"。

通过上面的分析发现，企业之间由于理性推理而形成的纳什均衡是 (D,D)，但这一均衡并不是最优的，最优的策略组合应该是 (C,C)，因为在这种情况下企业所创造的整体收益最高。也就是说竞争行为所形成的均衡不如双方均采取合作行为所产生的效果要好，这说明"囚徒困境"不是帕累托最优的，存在帕累托改进的空间，而问题在于如何去改进"囚徒困境"，通过非合作的竞争行为达到合作的结果。

4.1.2 合作的形成

在突破"囚徒困境"的所有方式中，重复是最为简单和自然的。重复博弈（repeated play of the game）是指参与人之间的相互作用次数大于一次，包括有限重复博弈、无限重复博弈和不确定次数的博弈等。下面一一进行分析。

（1）有限重复博弈（蜈蚣博弈）

有限重复博弈，顾名思义就是指参与人之间博弈的次数是有限的，博弈次数对双方来说是公共知识。由于有限重复博弈的博弈图形状酷似蜈蚣，所以又称"蜈蚣博弈"。重复博弈是序贯博弈的一种特殊情况，而序贯博弈是指博弈过程分为多个阶段或子博弈，参与人在行动选择的过程中能够看到在上一个阶段的博弈中其他参与人的行动，因而参与人必须考虑自己的行为对他人的影响和他人的行为对自己的影响。逆向归纳法是序贯博弈中经常使用的方法，是指从博弈的最后一个阶段向前推导的分析方法。由于在最后的博弈阶段，博弈马上结束，占优策略仍旧是竞争，所以同样会形成"囚徒困境"。逆向归纳法认为，竞争行为或不合作行为会从博弈的最后一个阶段逐渐蔓延到第一个阶段,进而导致有限重复博弈从一开始就是非合作的,仍然是"困境"均衡。

针对利用逆向归纳法所推导出的有限重复博弈趋向于非合作均衡的结论,有的经济学家提出了不同的看法。英国伦敦经济学院的经济学教授肯·宾默尔(Ken Binmore,1996)认为,在有限重复博弈的开始阶段存在混合策略的可能,即在博弈的开始,参与双方均有采取"合作"策略的可能性,博弈并非一定在第一步就结束。这与逆向归纳法得到的结论不同,因为逆向归纳法只是在单次博弈的基础上机械地进行人的理性推理:一是对人的理性的理解过于简单,过于极端,未考虑人类心理及其行为的复杂性和多变性;二是武断地认为最后阶段的非合作行为会自动蔓延到博弈的开始,没有考虑其中收益的动态变化。所以,在真实的生活中,有限重复博弈当中采取的策略一般为混合策略,可以划分为两个不同的阶段:前一阶段是双方采取"合作"策略概率较大的阶段,因为在该阶段距离最后博弈的"威胁"较远,而且双方合作的预期收益较高,故容易采取合作的行为;后一阶段为双方采取"竞争"策略概率较大的阶段,因为在后一阶段距离最后博弈的"威胁"较近,双方均存在危机感,而且合作的预期收益较低,故博弈双方更倾向于竞争或背叛。总之,在有限重复博弈当中,合作与竞争行为均有存在的空间,策略的选择不仅受到参与人本身对合作、竞争以及风险的看法,而且受到整个社会环境倾向的影响。所以这种合作与竞争策略的混合是一种随机状态,不能达到均衡,更不能解决"囚徒困境"。

(2)无限重复博弈

无限重复博弈是在有限重复博弈的基础上发展而来的,是一种对博弈次数的理想化假设,因为任何博弈过程总有终止的一天,不可能是无限次的。无限博弈与有限博弈的区别在于它避免了有限博弈最后阶段博弈的"威胁",逆向归纳法在此并不适用,所以对无限重复博弈的分析可以从长期角度来比较竞争行为导致的收益值与损失值的大小关系,进而确定企业究竟是合作还是竞争。

在重复博弈中,参与者在每个博弈阶段都会获得一定的报酬,而长期重复所获得的收益便是各期报酬的总和。单次博弈是一种特殊的重复博弈，参与人只获得一个阶段的报酬，采取"合作"策略与"竞争"策略的报酬差异较小，故企业采取合作行为的激励不足，一般选择竞争行为。随着博弈次数的增加，合作带来的收益不断增加，企业之间也就更倾向于合作。在此，我们引入贴现因子 δ（取值范围为 0 到 1），用来表示将来的收益在当期的折算值，比如：若明年的收益为 π，折算到现在就是 $\delta\pi$。如果企业甲和乙从头到尾一直在合作，那么每个企业所获得的总收益为 $(1+\delta+\delta^2+\delta^3+\cdots)\times C=C/(1-\delta)$；如果企业甲和乙从一开始就采取竞争策略，那么每个企业所获得的收益为 $(1+\delta+\delta^2+\delta^3+\cdots)\times D=D/(1-\delta)$。

由于企业行为之间的相互性，所以必须从企业所采取的不同策略开始来分析合作的可能性。如果企业采取的是"冷酷策略"：企业在博弈的开始阶段采取合作行为，并一直坚持下去，一旦对方采取竞争行为或背叛行为，那么本企业将永远不再合作。[1] 因为这种策略不给对方改过自新的机会，不可能产生第二次合作，所以被称为"冷酷战略"。在这种情况下，企业通过竞争或背叛获得的收益为 H，但只有一次，所以通过竞争比合作多获得的收益仅为 $(H-C)$。只要企业未来不合作的收益损失大于 $(H-C)$，企业就不会采取竞争行为，而企业长期不合作的收益损失为 $\dfrac{C-D}{1-\delta}$，所以企业采取合作行为需满足条件 $\delta\dfrac{C-D}{1-\delta}>(H-C)$（不等式左边之所以乘以 δ，是因为损失是从第二年开始算的），即 $\delta>\dfrac{H-C}{H-D}$。也就是说对 δ 的最小值进行了限制，只要贴现因子 δ 的取值不是很小，未来的收益对企业并非无关紧要，那么企业就会选择合作行为，而不是竞争行为。从这种意义上来看，博弈的重复进行可以突破"囚徒困境"，实现帕累托改进。

如果企业采取的是"跟风策略"（Tit for Tat，也称 TFT 战略），即在博弈的第一阶段采取合作行为，以后永远采取对手上一博弈阶段当中的选择。根据表 4-1 可知，博弈参与人采取一次竞争行为即背叛一次获得的收益为

---

[1] 陈守明. 现代企业网络 [M]. 上海：上海人民出版社，2002：80.

(H-C),后来又重新开始合作,由于企业采取的是"跟风策略",所以重新回到合作的企业仍旧要面临被惩罚一次的损失(C-L)。根据"经济人"假设,企业会通过比较收益与损失来进行行为的选择。只要背叛所得(H-C)小于惩罚损失现值(C-L)δ,❶ 即(H-C) < (C-L)$\delta \Rightarrow \delta > \dfrac{H-C}{C-L}$,企业就会选择合作而不是竞争。若博弈参与人采取永久竞争或背叛的策略,那么通过背叛获得的收益仍为(H-C),而损失为未来各期损失现值的无穷级数和$(1+\delta+\delta^2+\delta^3+\cdots)$($C$-$D$),即$\dfrac{C-D}{1-\delta}$。当($H$-$C$) < $\dfrac{\delta}{1-\delta}$(C-D)(不等式右边之所以乘以δ,是因为损失是从第二年开始算的)$\Rightarrow \delta > \dfrac{H-C}{H-D}$时,企业就会选择合作行为,而不会背叛合作。

  通过上面的分析发现,博弈参与人是否采取竞争的背叛行为取决于三个方面的因素:借助背叛马上获得的收益(H-C)、因惩罚而遭受的损失(C-L)或(C-D)以及贴现因子δ的大小。其中,δ的大小不仅受利率的影响,而且受参与人主观判断的影响。三个变量之间关系的动态变化决定了企业是否采取竞争行为:第一,当由竞争行为导致的收益值和损失值不变时,那么贴现因子δ就决定了企业的行为倾向。如果贴现因子δ较小,即未来收益不是很重要时,企业就容易采取竞争的背叛行为。相反,如果贴现因子δ较大,则企业之间更容易合作。第二,当贴现因子和背叛的单次收益不变时,那么因惩罚而导致的各期损失贴现值就决定了企业是否背叛。如果(C-L)或(C-D)较小,即惩罚力度不够,则企业倾向于采取竞争的背叛行为。相反,则企业容易采取合作的行为。第三,当贴现因子δ和因惩罚导致的各期损失贴现值保持固定时,那么采取竞争背叛行为获得的收益(H-C)的大小就决定了企业的行为选择。如果(H-C)很大,即企业面临的诱惑很大,那么企业就容易选择竞争背叛行为。相反,企业就倾向于合作。

  综上所述,企业在重复博弈的过程中究竟是采取合作行为还是竞争行为,完全依赖于企业对成本、收益以及时间因素的考量,这是"经济人"

---

❶ δ为贴现因子,因为惩罚是跟随发生的,所以惩罚损失的现值为(C-L)δ。

假设在企业合作与竞争行为当中的反映。企业行为决策的成本是指决策带来的损失或惩罚，收益是指通过背叛而占得的"便宜"，而时间因素指未来的收益值或损失值在当期的贴现值。由于企业之间合作与竞争行为博弈的四种收益 H、C、D 和 L 的值并不是固定不变的，四者的大小不仅受到博弈参与方行为的影响，更要受到外界经济与社会环境的影响。比如：两企业之间就产品价格达成合作联盟，但随着经济环境的变化，产品的需求可能激增，进而导致其市场价格的上涨。面对这种博弈环境的变化，提供产品的博弈方便面临较大的诱惑，即 H 值较大，所以该参与方就可能采取背叛的行为，单方面退出合作联盟。因此，我们认为无限重复博弈在一定的条件下[1]可以实现从"囚徒困境"向帕累托最优的转变，提高整体收益，但是这种转变的实现有赖于外界经济环境的稳定性，即无限重复博弈所实现的合作行为均衡并不是长期的或稳定的，而是从均衡到非均衡再到新均衡的动态变化过程。

（3）参与人改变的无限重复博弈

在传统的无限重复博弈中，参与人是固定不变的，而且参与人不能选择对手，不能中途停止博弈，这是进行无限重复博弈分析的假设前提。所以，如果参与人能够更换或选择博弈对手，那么上面的博弈分析将不再有效，因为博弈参与方的成本与收益均发生了变化。最为明显的是参与方因背叛而受到的惩罚成本大幅降低：一方面，参与方通过"背叛"策略获得了较高的收益；另一方面，参与方通过更换博弈对手而逃脱了被背叛方的"报复"行为。所以，在这种环境下，参与方就倾向于采取"永久背叛"策略，特别当博弈群体较大，而且群体中采取合作行为的人较多时，这种策略更容易获得较大的收益。企业是否选择"永久背叛"策略主要取决于两个因素：一是企业的多少，这一因素决定了重复博弈出现的可能性高低；二是是否存在信息沟通，即能否对参与方信用程度进行考察并对参与方的当前行为产生影响。如果企业合作网络中，企业数量较大，且企业之间无有效的信息沟通，那么企业就容易采取"永久背叛"策略；如果企业数量

---

[1] 这里的一定条件指文章中贴现因子 δ 与 H、C、D、L 的各种具体关系。

较少，或存在充分的信息交流，那么企业就不敢轻易背叛，因为它的历史信息为所有企业所了解，进而它的非合作行为将受到惩罚，这种博弈状态就类似于参与方不变的无限重复博弈分析。

（4）不确定次数的博弈

在真实的经济生活中，无限重复博弈是很少见到的，因为任何企业的生命周期是有限的，企业不可能永远存在。如果企业网络成员知道博弈在何时终止，那么博弈就变成了有限重复博弈；如果企业网络成员不确定博弈的结束时刻，则博弈就变成了不确定次数的博弈。不确定次数的博弈把不确定性引入了博弈分析，是对经济现实比较贴切的把握，而所谓的不确定性可以转化成概率问题，即参与方不能确定他们之间的互动会持续多久，博弈以概率 p（比 1 小）再持续一个时期。根据贴现因子 δ 的含义，在动态博弈当中，下一博弈阶段中损失的现值为该损失乘以贴现因子 δ。如果考虑到下一阶段的博弈会继续的概率为 p，那么下一博弈阶段损失的现值就变为该损失乘以贴现因子 δ，再乘以概率 p。因为 p 值小于 1，所以这就说明当博弈并非确定继续进行时损失的现值要小于博弈确定进行时损失的现值。

当把不确定性考虑到博弈中，并以概率 p 反映出来之时，未来支付的有效贴现因子不再是 δ，而是 δp。当概率 p 较大时，即博弈继续下去的可能性较大，有效贴现因子 δp 较大，那么企业在"冷酷策略"环境中采取合作行为的条件 $p\delta > \frac{H-C}{H-D}$ 也就比较容易满足。同理，企业在"跟风策略"环境中采取合作行为的条件 $p\delta > \frac{H-C}{C-L}$（不采取背叛一次策略的条件）或 $p\delta > \frac{H-C}{H-D}$（不采取永久背叛策略的条件）也比较容易满足。相反，当概率 p 较小时，即博弈继续下去的可能性较小，有效贴现因子 δp 也较小，所以企业在"冷酷策略"或"跟风策略"环境中采取合作行为的条件就不容易满足。从直观的角度来说，如果参与方之间的博弈即将结束的概率很高，即 p 很小时，那么竞争背叛行为对参与方来说更具诱惑性。

下面根据"囚徒困境"当中对 H、C、D 和 L 四种收益关系的要求来赋值。假设 $H=360$，$C=324$，$D=288$，$L=216$，则在确定博弈中，企业采取合作行为需要贴现因子 δ 在"冷酷策略"和"跟风策略"中满足的条件分别为 $\delta>1/2$ 和 $\delta>1/3$。根据经济现实，这些条件一般是比较容易满足的。❶ 此外，假设不确定博弈中的博弈持续概率 p 分别为 80% 和 20%，表示博弈持续的可能性较大和较小。在这种情况下，企业采取合作行为需要贴现因子满足的条件分别为 $\delta>5/8$，$\delta>5/12$，$\delta>5/8$（$p=80\%$ 时，贴现因子需要满足的条件）和 $\delta>5/2$，$\delta>5/3$，$\delta>5/2$（$p=20\%$ 时，贴现因子需要满足的条件）。前者在经济实际中是能够满足的，也就是说如果博弈持续下去的可能性较大，那么企业之间就能够采取合作行为；相反，后者是不可能的，即当博弈无法继续下去时，企业之间也就不可能采取合作行为，而倾向于背叛。

通过对非合作博弈的深入分析，我们发现无论是有限重复博弈、无限重复博弈，还是不确定次数的博弈，均有突破"囚徒困境"，实施帕累托改进的可能，但在不同的博弈类型当中，影响博弈参与方的成本和收益分析的变量不同。首先，在有限重复博弈中，虽然根据逆向归纳法同样能推导出"囚徒困境"的结论，但在实际的博弈过程中，参与方一般在开始的几个回合中会采取合作行为，只有在有限重复博弈的最后几个回合，背叛行为才会出现。出现这种局面的原因可能是：博弈参与方不知道博弈关系何时结束；参与方想建立合作的声誉，并在将来的其他博弈中利用；参与方猜测对方可能也会采取合作行为，进而获得较大的收益。所以，在有限重复的博弈中，影响合作行为的变量较多，且多为主观因素，因此，合作均衡的建立是具有随机性的。其次，在无限重复博弈中，参与方需要考虑的重要变量是贴现因子，通过对将来收益或损失的贴现值进行衡量比较来做出自身的行为选择。最后，在不确定次数的博弈中，不仅要考虑贴现因子的大小，还要考虑博弈持续概率的影响。总之，在这个世界中，由于信息的不完全、不对称，我们并不知道每个人究竟是好人，还是坏人，但我们都在维护着一个好人、一个优秀的人的外在形象，以获得未来潜在的收益。

---

❶ 比如：在货币理论当中，贴现率与利率是相关的，贴现率 = 1/(1+利率)，而利率一般在十个百分点以下，所以贴现率一般在 90% 以上，是远高于 1/2、1/3 的。

只有当面临巨大的外部诱惑与冲击时,我们才会暴露真实面目,整个世界就处在这种不完全信息导致的随时可能结束的合作中。合作行为选择与均衡的实现隐藏于这三种动态博弈当中,需要结合实际的博弈状态来分析合作产生的可能性及其过程。

4.2 合作博弈

合作博弈与非合作博弈的区别在于:合作博弈当中的参与人采取的是集体行动,而非合作博弈中参与人采取的是个人行动。共同行动以执行共同协议的团体的思维方式完全不同于一群知道他们正在进行策略性互动,但却采取不合作行为的个体。对于前者,即合作博弈方会先考虑什么是好的结果,然后考虑如何达到这样的结果。合作博弈的结果是根据理论家认为合理的普遍原则来定义的。而对非合作博弈来说,他们往往只从个体利益出发,而不管最终结果是否合理。所以合作博弈与非合作博弈的区别在于:前者是个体的非理性行为却导致了整体的理性结果,而后者是个体的理性行为却导致了整体非理性结果。前面的内容对合作行为在非合作博弈中的产生机理进行了详细的分析,本部分主要在合作博弈的基础上分析企业网络的产生及稳定发展的内在条件。

4.2.1 合作博弈理论

"界定合作博弈与非合作博弈的关键在于判断在博弈过程中是否存在有约束力的协议。"[1] 如果存在相应的协议则是合作博弈,否则就是非合作的。从产生的时间上来看,合作博弈是在非合作博弈之前出现的,但是非合作博弈却取得了主导地位,获得了更大的成就,原因在于非合作博弈的个体理性基础。个体理性假设人是自私自利的,是为自身利益的打算而采取相应行为的。个体理性是人类最基本的行为逻辑,也符合传统的经济学假设,比较容易进行分析和标准化。而合作博弈的基础是联合理性,联合理性强

---

[1] 谢识予. 经济博弈论[M]. 3版. 上海:复旦大学出版社,2008:346.

调行为人之间的相互作用,假设人并非完全是自私的,在一定的条件下也能够产生合作行为。与个体理性相比,联合理性更为复杂,所以非合作博弈发展得更快,建立了更完整的理论体系。然而,在现实的经济生活中,人们在个体理性行为遇到困境时大多会通过相互之间的协商来摆脱困境。所以,非合作博弈理论虽然比较完善,但是不能解释社会中大量存在的联合理性行为,这为合作博弈理论提供了发展的空间。

合作博弈的本质特征在于允许存在具有约束力的协议,也就是说博弈参与方之间存在共同利益但利益又不完全一致。因为如果参与方之间的利益完全一致或对立,那么就可以用基于个体理性的非合作博弈理论来解决了。只有在博弈参与方之间的利益存在这种复杂性时,参与方才可以通过相互之间的合作行为来获取更大的整体收益和个人利益。而关于整体收益的问题最为关键的就是利益的分配,所以联盟值的分配是合作博弈理论的核心内容。此外,博弈参与方的数量的多少对博弈也有很大的影响。当博弈中只有两个参与方时,博弈过程就是一个讨价还价的过程;而当参与方有三个及以上时,就会涉及联盟问题。联盟的形成和对抗是合作博弈理论的重点研究对象,下面我们对合作联盟进行分析。

4.2.2 联盟与企业网络

"人多力量大"这句谚语对现实的经济社会生活进行了真实的描述,因为在社会中博弈的参与方往往不是单个的人或企业,而是各种各样的组织或联合体之间的互动。这些组织就是所谓的联盟,而企业网络也是联盟的一种。联盟不仅在社会中有所体现,自然界动物之间的合作形式更是丰富多彩:动物之间的联合狩猎(如狼、狮子等);物种之间的共生(豆科植物与根瘤菌、蜜蜂与花)。通过上面的论述我们发现,虽然无论是社会中的人还是自然界中的动植物均存在着联盟,但动物之间的联盟是基于本能形成的而且目的比较单一,而人类的联盟是理性行为的产物,是人类在一定目的促使作用下的行为选择。

"联盟是由多个利益主体在某个协议约束下组成的一个更大的组织。"[1] 在联盟的内部，成员之间根据协议内容来行动，而协议内容规定了博弈的规则及破坏规则后的处理办法，它是博弈参与方讨价还价的产物。协议在联盟的形成中发挥重要作用，是联盟形成的前提，也是合作博弈区别于非合作博弈的典型特征。由于环境或联盟参与方的原因，联盟的具体形式是不同的，而衡量联盟之间差异的最主要指标就是联盟值。"所谓联盟值，简单地说就是联盟成员创造的价值或收益。"[2] 联盟值是联盟存在的基础，也是成员的目的所在，摩根斯坦和诺依曼在《博弈论与经济行为》中将不同联盟与联盟值之间的关系看成一个函数，比如：企业甲、乙、丙开展某项经济活动，如果三者各自单独行动，则没有任何收益；如果任意两者之间组成联盟，则每个联盟的收益为50；如果三者共同组成联盟，则大联盟的收益为100。用特征函数表示不同联盟的联盟值，则分别为 V（甲）= V（乙）= V（丙）= 0、V（甲乙）= V（甲丙）= V（乙丙）= 50 及 V（甲乙丙）= 100。

虽然在社会经济活动中联盟的数量与种类很多，但是并非任何人或组织之间均能形成联盟，而且联盟随着环境的变化会瓦解。那么联盟产生与存续的条件是什么呢？因为联盟值是联盟最为重要的衡量指标，且不同的联盟之间联盟值是不同的，故深入分析联盟值的内在关系是了解联盟形成与发展的重要手段。根据"经济人"假设，联盟参与方之所以加入联盟是因为能够从联盟中获得大于单独行动时的收益。如果是 n 个组织 M_1, M_2, M_3, …, M_n 之间进行博弈，那么它们之间将组成多个联盟，而任何一个联盟 U 能够形成必须满足的条件是：任何一个参与组织 M_i 对联盟 U 的贡献 $V(U)-V(U_{-i})$ 大于该组织单独行动的值 $V(M_i)$，即 $V(U)-V(U_{-i})>V(M_i)$。这个条件要求单个组织加入某个联盟不仅要能够改善自己的收益，更要使整个联盟的收益得到提高。但是该条件只是联盟形成的必要条件，而不是充分条件，因为可能存在满足上述条件的多个联盟。此时，参与方通过利益的计算从

---

[1] 潘天群. 合作之道：博弈中的共赢方法论 [M]. 北京：北京大学出版社，2010：182.
[2] 潘天群. 合作之道：博弈中的共赢方法论 [M]. 北京：北京大学出版社，2010：191.

这些联盟中选择使自己收益最大化的联盟，那么单个组织能够加入某个网络的充分条件是：一是该组织从联盟中获得的收益小于它为联盟值的贡献；二是该组织从此联盟中获得的收益大于从其他任何联盟中获得的收益。第一个条件规定了加入联盟的可能性；第二个条件规定了加入联盟的唯一性。

企业网络作为经济活动的一种组织方式，是联盟的一种，故又称企业联盟。因此，企业网络整体的收益值（联盟值）也必须符合上面关于联盟值的条件要求，企业加入网络的前提是企业能够从网络得到收益的同时为整个网络带来效益。企业网络的形成是一个动态变化的过程：在初期可能是为数不多的几个企业通过谈判来形成网络，而随着外界环境的变化，更多的企业通过讨价还价来加入网络。在这个过程中企业网络的扩张始终遵循联盟形成的充分条件，就像企业本身存在边界一样，企业网络也不能无限制扩大，也是存在边界的。联盟的存在是以企业之间的合作行为为基础的，而合作行为受到相关协议的约束，这是合作博弈理论的核心特征，也是与非合作博弈的主要区别。

4.3 如何促进合作

与竞争行为相比，合作行为在特定的博弈中更能促进群体利益，但是通过上面的分析发现，合作的形成需要各种复杂的条件。那么，该如何来促进合作行为的产生就成为重要的问题，本部分主要是从改变博弈环境来进行分析的，主要包括以下三个方面。

4.3.1 提高贴现因子 δ 的值

提高贴现因子 δ 的值也就是增加未来对现在的影响。只要未来对现在足够重要，博弈方之间的合作就是稳定的，原因在于博弈方均可以用潜在的报复来威胁不合作者。在前面的论述中，我们知道贴现因子 δ 的含义，它表示将来得到的收益只是当前同样收益的一个固定比例，取值范围在 0 到 1。那么贴现因子为什么小于 1？即未来为什么没有当期重要？原因是存在各种不确定因素，博弈方在未来的某一时刻可能会死亡、公司可能会破产，从而导致博弈关系的终止,而且这些因素不能明确预测,所以未来不如现在重要。此外,人们一般倾向于在现在获得一定的收益,而不是在未来获得同样的收益。最为直观的例子就是人们把货币存进银行以在未来消费,但银行必须给付储户一定的利息。下面我们通过比较不同贴现因子值下的博弈状况,来分析其对合作形成的影响,见表4-2。

表4-2 企业间博弈关系

企业甲	企业乙	
	合作	竞争
合作	($C=3$, $C=3$)	($L=0$, $H=5$)
竞争	($H=5$, $L=0$)	($D=1$, $D=1$)

以重复博弈为例,假设 $H=5$,$C=3$,$D=1$,$L=0$,$\delta=0.9$,通过计算可知,博弈的四种收益值 H、C、D、L 之间的大小关系符合"囚徒困境"中的要求。[1] 以"跟风策略"环境为例:第一种策略是从不背叛。如果参与方采取这种策略,那么在博弈的每个阶段其将获得收益 $C=3$。考虑到贴现因子 δ,该博弈方的累计期望收益是 $(1+\delta+\delta^2+\delta^3+\cdots)C$,即 $\dfrac{C}{1-\delta}$,而 $C=3$,$\delta=0.9$,所以采取从不背叛策略的参与方的期望收益为30。第二种策略是从不合作,即总是背叛。如果参与方采取这种策略,那么其将在第一步获得高收益 $H=5$,此后将获得惩罚收益 $D=1$。该参与方的收益序列为 $H+\delta D+\delta^2 D+\delta^3 D+\cdots=H+\dfrac{\delta D}{1-\delta}$,[2] 通过计算得出收益为14。第三种策略是合作与背叛交替。如果采取这种策略,则博弈参与者获得的收益序列将是高收益 H 与低收益 L 交替展开的,即 $H+\delta L+\delta^2 H+\delta^3 L+\cdots=(H+\delta L)(1+\delta^2+\delta^4+\cdots)=(H+\delta L)/(1-\delta^2)$,通过计算得出收益现值为26.3。通过上述三种策略的比较发现,在"跟风策略"环境中,如果贴现因子 δ 较大,那么采取合作行

---

[1] 四种收益值的大小关系必须满足:$H>C>D>L$ 和 $2C>\dfrac{H+L}{2D}$。

[2] 因为报复行为是从第二期开始的,所以要乘以贴现因子 δ。

为得到的收益是最高的,即在未来影响较大的前提下,基于回报的合作是稳定的。当 δ=0.3 时,且同样是在"跟风策略"环境中,则采取永不背叛策略时的收益为 $\frac{C}{1-\delta}$,但 δ 变为 0.3,所以收益值仅为 4.3;如果采取总是背叛的策略,则收益值为 5.4;如果采取合作与背叛交替的策略,则收益值为 5.5。通过比较不同贴现因子下的博弈收益值就能发现,贴现因子太小会导致合作的破裂或终止,所以要想促进合作必须使贴现因子变大,提高未来对现在的影响力,主要有两个途径:一是使相互作用更持久;二是使相互作用更频繁。

4.3.2 改变博弈收益 H、C、D 和 L 的值

"囚徒困境"的特殊性导致政府成为摆脱困境的方法之一。通过政府的强制作用,使个体在没有激励去合作时,保证他们必须从事对社会有益的事情,比如:纳税问题。个人都不愿意纳税,因为成本是直接的而收益是看不见的。但是如果每个人都照章纳税无疑将会提高个人生活水平,改善居住环境等。政府的作用就是通过强制手段保证人们依法纳税,进而提高人们的整体利益。政府在强制过程中改变的就是博弈参与方的收益值,比如:法律的惩罚措施导致"背叛"收益 H 降低,对合作的奖励将提高 C 值。所以,只要通过各种措施改变 H、C、D 和 L 的值,破坏"囚徒困境"所依赖的四个收益值关系,就可能将不稳定的合作转变成稳定的合作均衡。

4.3.3 道德的培养与法律的干涉

群体陷入困境之中,比如:"囚徒困境",并非由于个体理性的有限性,即不是因为理性不足造成的,而恰恰是理性本身导致的。也就是说,理性并不是完美无缺的,在很多情况下理性却导致了非理性的结果,这是在现实的经济生活中经常遇到的:导致两败俱伤的企业之间的恶性竞争;造成环境污染的各国对资源的无节制滥用;等等。那么,对于理性的这种"缺陷"该如何避免或改进呢?理性表现为行为人对自身利益的追求,即理性是一个个体的概念。但是,对理性的认识必须摆脱个体的视角,从群体之

中来寻找解决方法，以群体理性来弥补个体理性的缺陷。道德与法律便是对群体中的个人行为进行规范和约束的非正式制度和正式制度，二者的执行状况决定了行为人采取竞争的行为，还是合作的行为。

在不同的自然和社会当中，群体困境的具体内容是不同的。当困境在群体中产生时，群体内部的人认识到了困境的存在，相应的道德观念和法律制度便产生了。随着道德观念的不断推广，成为公共道德规范，这时便起到了约束个体行为的作用。群体内部的困境便是通过这种方式得到解决的，而对于群体之间的困境，原有的道德规范和法律制度不再适用，需要在包含群体间的更大群体内去解决。所以在群体内部培养合作的道德思想，教育人们要相互关心，教育人们要感恩回报，并通过道德影响范围的不断扩大来增强合作理念的影响力，培养合作的社会环境，促进合作行为的产生。同时，相关法律制度的不断完善从正式制度层面来干涉合作行为的产生。由此可见，合作行为的产生是一个社会问题、道德问题和法律问题，需要各方面的协作才能促进其发展。"企业网络或企业联盟是一个充满活力、充满能量而又包含自我分裂的有机体，扩张和瓦解都可能是它的命运，但是，相对于单打独斗的低级生存状态，通过网络或联盟共同创造、共同分享机会与价值仍然是个体值得努力的方向。"❶

综上所述，企业之间究竟是竞争还是合作，也就是说企业网络的形成不仅取决于博弈参与方之间短期和长期利益的权衡比较，博弈环境的变化同样对企业网络的形成有重要影响。在经济环境较稳定时，容易催生合作均衡。相反，在瞬息万变的经济环境中，企业之间合作行为很难产生，最终只会导致非合作的均衡。在这种合作与非合作的动态变化中，企业不能固守某一行为，应该采取"跟风策略"。首先，"跟风策略"具有可激怒性，防止一直被对方机会主义行为侵害；其次，"跟风策略"具有宽容性，能够在对方采取合作行为时回头，而不是一味地不合作。"跟风策略"的这两种主要特征保证了企业在长期的博弈过程中能够获得最大的经济利益，是企业之间博弈的占优策略。

---

❶ 潘天群. 合作之道：博弈中的共赢方法论［M］. 北京：北京大学出版社，2010：199.

小 结

人类行为的相互性或者企业行为之间的相互性是本章分析的理论前提。人类行为包括竞争性与合作性,而企业之间的行为同样包括竞争性与合作性两个方面,所以本章主要从人类行为的特征出发,基于竞争性和合作性对企业网络的形成机理进行博弈分析。通过分析发现,以竞争性为基础的无约束的非合作博弈和以合作性为基础的有约束的合作博弈均可以产生合作的结果,即企业网络的产生,而且不管是非合作博弈还是合作博弈,都可以从三个方面入手来促进合作结果的产生:一是提高贴现因子的值,即增加未来对现在收益的影响程度,只要未来不是无足轻重的,企业为追求自身利益就不会盲目展开竞争,这也符合传统的经济学假设;二是改变企业博弈收益的可能值,即通过政府的外在干预去影响企业在竞争与合作中的收益值,使不稳定的合作变成稳定的纳什均衡;三是道德和法律的干涉,即通过群体内道德(非正式制度)和法律(正式制度)来约束企业的行为,促进合作行为的产生和发展。

第5章

企业网络的演变：基于行业生命周期

企业网络作为一种复杂的经济现象在现代经济中作用突出，它具有许多种不同的具体网络形式：生产网络、销售网络、研发网络、企业联盟等，依据不同的标准，企业网络被划分成不同的类型。面对如此复杂的经济现象，从中抽象出一般的本质内容最为关键，而按照新古典经济学的方法来分析企业网络显得力不从心。因为新古典的方法是从复杂的经济现象入手，通过简化经济现象，建立假设模型来发现并检验规律的。这种高度简化的方法恰恰把企业网络最为核心的特征给"简化"掉了，使得相应的分析显得脱离实际，不能很好地解释关于企业网络的各种经济现象。奥地利学派的经济学分析方法则突破了新古典经济学的这点缺陷，从人类行为这种最为根本的因素来分析各种经济现象，并从中总结出"公理"来解释各种复杂的经济现象。这种方法没有高度的简化和大量的假设，对经济现象进行了更现实的解释。哈耶克认为，面对复杂的经济现象，我们只能从人类行为出发来作出"模式预期"与"原理解释"，因为复杂的经济现象具有不可知性，而科学方法是有限的。奥地利学派的分析范式突破了传统的新古典方法是值得借鉴的，本章的创新性研究也体现了这种借鉴：从人类行为的角度来研究不同类型的企业网络。

企业网络的本质在于合作，而合作实施的关键在于方法，因为实际情况不同，人们的目标不同，博弈结构不同，因而采取的合作方法自然也就不同。一般通过合作来实现"共赢",因为在不同的博弈结构下,有不同类型的企业网络。所以,"共赢"就具有不同的含义:在有的博弈中,"共赢"意味着避免更糟;在有的博弈中,"共赢"意味着共同寻求更好。由于经济活动中不确定性的存在及变化,经济活动的组织形式也就伴随着不确定的变化而演变,本章以人类行为的目的性为基础,从行业发展的纵向角度来分析企业网络的演变。

5.1 不确定性与组织形式演变

按照主流经济学理论的理解,经济学研究的目的在于发现复杂经济现象背后的规律,并用这些规律来解释经济主体的各种行为动机。古典经济学的创始人斯密的著作《国富论》的出版标志着经济学作为一门学科的开始,但斯密的分析是建立在大量的经济现象之上的,一般是通过归纳的方法来发现规律,比如:劳动分工理论的提出是以对许多工厂的调查和实验为基础的。所以说,斯密的理论并不是基于假设的确定性理论。大卫·李嘉图(David Richardo)作为斯密的继承人,提出了经济学研究的演绎方法与抽象方法,而且他的整个理论体系就是建立在各种假设前提之上的。自李嘉图以后,主流经济学体系的基础变成了关于预期、知识的各种假设,并通过这些假设来解释人类的各种经济行为。古典经济学家认为各种复杂的经济现象都可以用规律来解释,而受到经典力学理论的影响,新古典经济学家马歇尔的理论体系是以一般均衡理论为基础的。由此可见,传统的古典和新古典经济学理论均是关于确定性的理论,所有的市场参与者都被假定为具有完备的知识,掌握了完全的信息。然而,经济学规律并非完美的,它并不能解释所有的经济现象,所谓经济规律只是从复杂的经济现象中抽象出的共同因素的关系。这就意味着我们必须考虑不确定性因素的影响,而富兰克·奈特(Frank Knight)是最先把这些因素引入经济学分析的。

5.1.1 不确定性的定义

在经济学中,在假设条件被满足且无干扰因素作用的前提下,经济规律会告诉人们将要发生的事情。但是，这些假设往往是不现实的，因为经济学规律忽视了干扰因素的作用，而这些干扰因素便是经济不确定性的根源。奈特认为，"任何经济规律的解释能力与范围均是有限的，人类无法获得完美的经济规律，进而无法进行正确的经济预测，而这主要归因于人类认知能力的不足"。❶

奈特对于不确定性的认识起因于对利润来源的探索。在理想的完全竞争的市场条件下，企业只能以成本销售产品，不能获得利润。然而，在实际条件下，市场却是不完全竞争的，企业通过产品的销售获得了一定的经济利润。奈特发现了理想与现实的差别，他认为正是不确定性的存在导致了利润的产生。由此，奈特按是否能够度量区分了两种不确定性：风险与真正的不确定性。"所谓风险，是能够度量的不确定性，它的特征是概率估计的可靠性，以及因此将它作为一种可保险的成本的可能性。估计的可靠性源于所遵循的理论规律或稳定的经验规律。"❷ 而真正的不确定性是指由于人们有限的认知能力，无法对事件的发展与演变进行完全的认识，进而无法对事件的结果进行正确的预测与定量分析。简单地说，对于风险，人们可以根据其概率分布来预测未来的结果；而对于真正的不确定性则展现出人类的无知，我们无法通过规律或经验来对其进行预测。在此分析的基础上，奈特把真正的不确定的根源归结为人类知识的不完备性，属主观认识范畴。奈特关于不确定性的表述突破了传统经济学理论的完全知识假设，对后来的经济学思想产生了巨大的影响。

约翰·凯恩斯（John Keynes，2017）对奈特的不确定思想进行了发展，他认为任何经济决策的外界环境都包含着不同程度的不确定性，不确定性是不可预测的、没有概率分布的。在他的《就业、利息和货币通论》中，不确定性是三大心理规律的基础，是其整个经济理论的核心。新古典主义追求的却是确定性的理论，它通过简化与假设把经济生活中的大量不确定性转化为确定性，抽象出关键的经济变量，然后建立经济模型，这种分析

---

❶ 奈特. 风险、不确定性和利润 [M]. 王宇，译. 北京：中国人民大学出版社，2015：5.
❷ 奈特. 风险、不确定性和利润 [M]. 王宇，译. 北京：中国人民大学出版社，2015：147.

方法失去了对经济现实的真实表述。凯恩斯之后的新古典综合派虽然发展了凯恩斯的经济理论，但该学派的分析方法仍然与新古典相同，是一种以均衡为基础的确定性分析。理性预期学派继承了奈特的不确定思想，提出了理性预期的适用条件。所谓的理性预期只是在风险存在的条件下适用，在这种条件下事件的发展具有一定的规律性，能够做出概率估计。当真正的不确定性存在时，任何经济分析都是没有价值的。总之，主流经济学理论的发展是基于大量的抽象与假设的，是一种确定性理论，它排斥了人类行为的不确定性、忽视了经济现象的复杂性，这也许是经济学科学化的一种需要，但这种指导思想使得当今的经济理论丧失了对经济现实的解释力度。

5.1.2 不确定性与组织形式的演变

（1）三种组织类型

经济组织在经济活动当中的存在形式是多种多样的，根据不同的标准可以划分为不同的类型。按照竞争程度的高低，可以分为传统的完全垄断组织、寡头垄断组织、垄断竞争组织和完全竞争组织四类；按照经济活动的协调方式，可以分为市场组织、企业组织和网络组织三种。由于本书的研究对象是企业网络，属于网络组织，故本部分的分析以市场、企业和网络这三种组织形式为主。

关于市场或市场组织，在经典的经济学著作或经济学教科书中均没有明确的定义。如果简单地把市场定义为经济活动发生的场所，则丧失了市场的许多关键性特征，比如：市场当中的制度因素。所以，杰弗里·霍奇逊（Geoffrey Hodgson）认为，"市场从抽象的角度来说是一个由各种制度组成的体系，大量的商品在其中有规律地进行交换，并在一定程度上受到相关制度的促进与约束"。❶ 简单地说，市场就是一种制度化的经济组织。

"企业是一种依靠权威和科层制度来进行内部资源配置的契约组织。"❷

---

❶ 霍奇逊. 现代制度主义宣言 [M]. 向以斌, 译. 北京：北京大学出版社, 1993：132.
❷ 杨瑞龙. 企业理论：现代观点 [M]. 北京：中国人民大学出版社, 2005：2.

按照科斯的理解，企业是对市场的一种替代，因为在市场交易中要产生交易费用，企业是为节约交易费用而出现的，但在企业内部要产生管理成本。所以，企业不能无限扩大，是有边界的，而边界的均衡位置取决于两种成本的比较。企业存在的目的是完成一定的生产经营目标，为消费者提供产品或服务，是经济活动的参与主体和基本组成单元。

网络组织是伴随经济发展的复杂化而出现的，它的表现形式很多，比如：产业集群、企业战略联盟、供应链联盟、虚拟企业等。所以，要从这些具体的表现形式当中抽象出其本质特征，进而对网络组织进行定义。所谓网络组织，就是"一个由活性结点的网络联结构成的有机的组织系统"。[1] 在这个系统当中有各种信息的流动、各种企业间协议的约束和企业行为之间的协调。通常对网络组织的研究范式有三种：计算机范式、社会学范式和经济学范式。计算机范式的研究重点在于精确性和模块化；社会学范式一般是针对社会行为的定性研究，考察社会环境与文化的影响，所以该范式的研究很难量化；经济学范式的研究是我们研究的重点，经济学网络当中的"结点"代表的是理性的、追求利润最大化的经济主体，比如：个人和企业等，而经济网络的分析方法是针对这些经济主体的行为进行博弈分析，即运用博弈论来研究网络的形成和演变。从协调经济活动的角度来看，网络是一种介于市场与企业之间的组织形式，它具有市场的反应灵活性和企业目标的明确性，它的优势在于协作、创新与多赢。

（2）不确定性与经济组织的演变

如上所述，经济活动的协调方式主要包括市场、企业和网络三种，但是在古典和新古典经济学阶段，直到科斯出现之前，关于经济组织的研究十分有限，原因在于传统经济学理论的诸多假设。在"理性人"假设、完全信息、完全知识的前提下，传统的经济理论认为经济系统是一种稳定、可达到均衡的体系，可以用数学公式来表示经济变量之间的复杂关系。企业这种组织被视为一个"黑箱"，一个最优化的生产单位，完全忽视了企业内部的组织结构，排除了各种不确定性因素。然而，现实经济环境充满了

---

[1] 李维安. 网络组织：组织发展的新趋势 [M]. 北京：经济科学出版社，2003：79.

不确定性，这就导致了各种经济组织的产生和演变。弗里德里希·哈耶克认为，"如何利用分散的知识来消除或降低不确定性是构建经济组织的起点"。❶ 也就是说不确定性是各种经济组织存在的基础，而经济组织是应对不确定性的一种适应性机制，所以随着不确定性的高低变化，经济组织的形式也在不断更替。

市场作为一种协调经济活动方式的思想开始于斯密的《国富论》。在该著作中斯密提出了"看不见的手"理论，认为市场这只"看不见的手"通过对人的自利本性的引导，使各种资源的配置达到均衡，不仅满足了个人的需求，而且创造了最大的社会利益。自由主义的代表性人物哈耶克也对市场协调提出过自己的见解。哈耶克认为经济上的自由主义指的是"市场的自发秩序，是以相互性或相互收益为基础的，一般称之为经济秩序"。❷ 可见，哈耶克对市场机制的自发协调作用推崇备至，坚决反对政府对经济的不必要干预。奥地利学派的另一著名代表路德维希·米塞斯（Ludwig Mises）基于人类行为提出了市场过程理论，他强调"市场是一个过程，而不是产生市场均衡状态的一组相互协调的价格、质量和数量"。❸ 在第二次工业革命之前，这种市场自发调节的自由主义思想主宰着西方资本主义社会，称为自由资本主义阶段。在这一阶段当中，由于需求量与产出量均较低，且产品形式单一、专业化水平较低，所以整个经济体系的不确定性程度也较低，市场的自发调节就足以应对。

第二次工业革命以后，生产技术取得了突破性发展。产品和服务的供给与需求不断增长，简单的市场被复杂化，交易的不确定性也不断增加，机会主义行为与道德风险不断出现，仅仅靠市场的自发调节已经不能对经济活动进行很好的协调，市场出现了失灵。在这种情况下，企业的科层组织形式逐渐成为经济活动的主导协调方式，用于应对不断增大的不确定性。但这个时期消费者需求的变化主要是总量上的增长，满足人们的基本物质

---

❶ HAYEK F A. The use of knowledge in society [J]. American economic review, 1945, 35 (4): 519-530.
❷ 哈耶克. 哈耶克文选 [M]. 冯克利, 译. 南京: 江苏人民出版社, 2007: 346.
❸ 米塞斯. 货币、方法与市场过程 [M]. 戴忠玉, 刘亚平, 译. 北京: 新星出版社, 2007: 33.

需求是主要任务，消费形式仍旧是大众化的。所以，市场变化的程度有限，不确定性程度并不是太高，只是与自由资本主义阶段相比有所增加。企业对市场的代替主要体现在产品的生产环节：在市场主导的阶段，产品的生产是分散进行的；而在企业主导的阶段，产品的生产被集中到企业的内部，管理人员控制着产品生产的整个环节，不确定性程度也得到控制与降低。

自20世纪70年代末以来，伴随生产技术的不断进步、需求的个性化趋势以及市场干扰因素的增加，整个经济系统的不确定性急剧增加。传统的科层式企业虽然能够在一定程度上降低不确定性，但为此却付出了高昂的管理组织成本和极大的效率损失。因此，越来越多的企业开始采用组织间协调的方式来组织交易和生产活动，应对不确定性的组织方式从企业内部转向了企业外部，一种全新的经济活动组织方式开始出现，即企业网络。企业网络作为一种企业间协调方式既不同于市场又与企业有明显的区别，它具有多个不同的名称，比如：混合组织、战略网络、网络组织等。但这些名称的本质含义是相同的，我们可以将企业网络定义为"由两个或两个以上独立的企业通过正式契约或隐含契约所构成的相互依赖、共担风险的长期合作的组织模式"。❶

通过上面的分析我们发现，经济从"简单"发展到"复杂"，而协调经济活动的方式从市场过渡到企业，再过渡到现在的网络，两者之间动态适应关系的背后是不确定性程度的发展变化。不确定性程度的高低与组织形式的演变存在着密切的关系：不确定性是组织形式变化的根本原因，而组织形式的演变正是为了应对不断变化的不确定性。从上述内容的分析脉络来看，经济活动组织形式从市场到企业再到网络的发展变化及其与不确定性之间的关系是一种宏观的分析视角，而企业网络作为一种当今主导的经济活动协调方式，它在同一行业内部的不同发展阶段及不同行业之间的具体表现形式是截然不同的，这便是企业网络的行业纵向与行业横向比较，其分析基础仍旧是不确定性的动态变化。

---

❶ 杨瑞龙. 企业理论：现代观点 [M]. 北京：中国人民大学出版社，2005：180.

5.2 基于行业生命周期的企业网络演变

5.2.1 行业生命周期与企业网络

(1) 行业生命周期及其特点

"行业是按人类生产的技术特征来分类的,生产同类产品或提供同类服务就是同一个行业。"[1] 比如:医生、教师就属于不同的行业,是微观领域的视角。[2] 在行业的不同生命周期阶段,行业当中的企业所面临的不确定性是不同的,因此,这也影响着企业网络具体形式的选择。一个行业从产生到发展,再到成熟与衰退,不确定性程度随之变化。所以,在行业不同的生命周期阶段,企业需要构建的具体网络形式是不同的。

在行业发展的早期阶段,企业面临的主要任务是技术创新,而技术研发过程中的不确定性是非常高的,受到人为和非人为等多种因素的影响。另外,企业也没有稳定的市场,产品需求的波动性很大,经济效益得不到保证。由于在技术的研发阶段并没有形成成熟的技术标准,企业面临多种技术方案,而每种技术都可能成为将来的标准,企业必须综合比较各种方案的优劣,降低未来丧失主导技术的风险。在这种状态下,通过传统科层式的组织形式来进行技术创新存在缺陷,因为这种组织方式的优势在于创新的力度而不是创新的广度,所以就会忽视很多潜在的先进技术,降低信息来源的数量。而技术创新成功的关键在于博采众长,充分比较各种潜在技术的优缺点。因此,企业在本阶段构建的研发网络以"弱关系"为主,即网络的强度较低,目的不在于关系的密切与否,而在于关系的数量多少。通过这种"弱关系"网络,创新企业之间可以低成本地进行信息的交流,保持与各种先进技术的接驳,降低企业丧失标准技术的风险。硅谷企业之间的联系便是以"弱关系"为主要特征的。

在行业的成长与成熟阶段,由于企业的产品及其技术有了统一的标

---

[1] 苏东水. 产业经济学 [M]. 3 版. 北京:高等教育出版社,2010:35.
[2] 必须与产业相区别,产业的着眼点是生产力布局的宏观领域,以行业的不同作用为标准。

准,发展的方向比较清晰,所以,企业所面临的不确定性与早期阶段相比有了很大程度的降低。在此阶段,企业的创新主要集中在企业内部,是以现有技术标准为基础进行的产品或生产流程的改进,一般不会出现激烈的革新。因此,企业多采用纵向网络的形式来进行创新。在纵向网络中,成员之间的联系比较紧密,避免了创新收益的外溢,而垄断收益的获得提高了创新的激励。此外,标准化产品的出现使得企业一体化的生产方式不再必要,企业可以通过纵向网络将非核心环节外包给其他网络成员,而自己只关注核心环节,这样不仅获得了规模经济收益,而且提高了企业的竞争力。

行业发展的最后便是衰退阶段。所谓衰退,是指企业在市场上的影响能力下降,产品在市场上的占有率降低。由于企业及其产品面临着来自各方的冲击,不确定性再次上升。企业要想继续生存下去,必须在系统创新的基础上扩大产品的影响力,发现产品的新用途,延长产品的生命周期,而横向网络的构建便可以满足企业的这些要求。

（2）行业生命周期与网络类型

在某个时点上企业可能在不同的网络类型中占据了不同的位置,而这些网络组织之间可能会相互冲突、相互补充或没有关联,所以如何管理不同的网络十分重要。企业在某时刻可能既是纵向网络的一部分,又是研发网络的一部分,这样研发网络产生的结构就会对纵向网络产生影响,比如：新技术的实验性投产。然而,在同时管理不同的网络时,首先,要分清主次,确定最重要的网络类型,确保其他网络未对主要网络造成不良影响；其次,可以通过加强不同网络类型之间的联系来优化网络；再次,网络管理的本质是对网路之间的冲突进行协调,所以必须在公司内部建立冲突解决机制,合理化解决程序,应对突发事件；最后,企业要协调在各个网络中的不同位置,一个企业可能既是研发网络中的连接者,又是纵向网络中的指挥者,同时又是横向网络中的一般成员,企业可以利用自身的网络优势来进一步巩固网络位置。此外,在不同时点上,跨期的网络管理同样重要。

行业的生命周期分为研究、进入、成长、成熟和衰落五个阶段。第一是研究阶段，企业需要建立的是研发网络，通过网络的建立开展技术的研究与开发，分担了技术创新的风险与成本，由于产品处于研发阶段，所以基本没有市场规模；第二是进入阶段，当技术的轮廓逐渐清晰，企业的主要任务就转变为建立标准与规范，使自己的技术成为市场上的主导技术，这就需要建立标准化网络；第三是成长阶段，产品已投入生产，企业的目标是提高供应链的运作效率，保证原材料的供应与产品生产的稳定，并发展核心竞争力，所以在本阶段建立的是纵向网络；第四是成熟阶段，一旦产品趋于成熟，那么企业就可以满足消费者个性化的产品需求，这样可以延长产品的生命周期，所以方案网络是企业的策略选择，在本阶段产品的市场范围达到最大；第五是衰落阶段，在这一时期，产品不再具有竞争优势、技术变得落后，但企业可以通过构建横向网络来削减成本、扩大市场势力、获得规模经济，进而赢取利润。

根据网络的演变过程，企业需要系统地考虑网络策略。在企业建立研发网络之时，就开始考虑下一阶段面临的标准网络和纵向网络的选择及其网络位置的确定。网络的动态变化要求企业不能仅仅考虑当前的利益与形式，而是应该站在行业生命周期的整体角度上进行网络决策，选择在整个演变过程中对自身最有利的合作伙伴。

在网络经济条件下，由于政治、经济以及技术等各方面的原因，企业面对的不确定性较大，所以如果要想成功地实现网络化协调，首先就要分清不同类型的网络，并基于企业目标选择合适的网络，这也是企业目的性在网络条件下的实现方式。由于网络目标派生于企业的整体目标，只是其中的一部分，所以网络化对企业来说虽然很重要，但并不是全部，这就对界定不同网络的目的造成了障碍，特别是当网络涉及较多的成员时更是如此。网络组织的存在以成员之间的密切合作为前提条件，如果不能很好地阐述网络目标必将导致网络组织的分崩离析、土崩瓦解。对五种网络类型及其目标的说明和比较见表5-1[1]。

---

[1] APD M. The network economy: strategy, structure and management [M]. Cheltenham MA: Edward Elgar Publishing, 2004: 20.

表 5-1 五种网络类型的含义及特征比较

网络类型	说明	关键特征
研发网络	企业之间为分担开发新技术的风险与成本而建立的网络	预竞争；技术工程类；存续时间有限
标准化网络	企业为在一定的经济区域内建立技术标准、领导行业规范而成立的网络	市场导向；涉及大规模公司；合作竞争
纵向网络	位于价值链上不同序列阶段的供应商与生产商为提高供应链的运作效率，专注核心竞争力而形成的网络	垂直专业化；存续时间适中；协调物流与产品标准
方案网络	提供互补性产品的生产者为满足消费者的个性化产品需求而组成的网络	水平或倾斜结构；隐性关系；通过代理人激活
横向网络	基于增强市场势力、节省资本、产业合理化等防御性措施而建立的水平网络	水平结构；有限经济活动的融合；存续时间长

5.2.2 企业网络类型及其分析

（1）研发网络

研发网络是指企业之间为分担开发新技术的风险与成本而建立的网络。在现代化的经济当中，科学技术发展呈现出多样化和快速更新的态势，企业在面对数量巨大的技术创新时无法保证做出完全正确的判断，来选择将来能成为主导技术的创新，而且规模较大的企业在创新方面激励不足，这就导致大企业在先进技术方面的日趋落后。这些现实的要求导致了研发网络的出现和发展，解决了企业在面对技术选择时的两难问题。尤其是在高新技术行业，企业之间一直保持密切的技术来往，建立网络联盟，从而确保对前沿技术的知情与掌握。企业是否通过建立研发网络来进行合作研发取决于它能否从该网络中获取较大的收益，所以研发网络的形成也是企业之间进行博弈的过程。下面就通过建立博弈模型来分析研发网络的形成机理，见表 5-2。

表5-2 企业研发博弈矩阵

企业甲	企业乙	
	合作研发（共享研发）	独自研发（保留研发）
合作研发（共享研发）	(C, C)	(L, H)
独自研发（保留研发）	(H, L)	(D, D)

首先分析两个企业甲和乙之间的博弈关系：博弈方为企业甲和企业乙；博弈策略为合作研发与独自研发；博弈收益分别为 H、C、D、L 四种，其中 H 表示当企业乙（甲）采取合作研发而企业甲（乙）采取独自研发策略时，采取独自研发策略一方的收益，而采取合作研发策略一方的收益为 L；C 表示当企业甲和企业乙都采取合作研发策略时，双方的收益；D 表示当企业甲和企业乙都采取独自研发策略时，双方的收益。当 $H>C>D>L$ 且 $2C>(H+L)>2D$ 时，企业双方博弈的结局是一个纳什均衡：双方均采取独自研发的策略，即 (D, D)。但这种策略对企业双方整体来说并非最优的策略，这就是研究形成的"囚徒困境"。当 $H>C$ 且 $L>D$ 时，企业之间的博弈是懦夫博弈，它有两个纯策略均衡 (L, H) 和 (H, L)，即企业甲和乙之间的策略是相异的。当 $C>H$、$H>D$ 且 $D>L$ 时，博弈变为安全博弈，即当两个企业采取相同的策略时是占优策略。

当有许多企业参与到互动当中时，企业是否加入研发网络取决于它能否从该网络中获得更多的收益。假设市场当中共有企业 N 家，其中采取合作研发策略的企业为 n 家，每家企业的收益函数为 $C(n)$，而采取独立研发策略的企业的收益函数为 $D(n)$。那么一个新的企业加入合作研发网络后的收益函数为 $C(n+1)$，若不加入，则其收益函数仍为 $D(n)$。在"囚徒困境"博弈中，由于企业的占优策略是独自研发，所以不管 n 值多大，$C(n+1)<D_1(n)$ 始终成立。在懦夫博弈中，由于企业的占优策略是相异策略，所以当 n 值较小，即采取合作研发策略的企业少时，企业的占优策略就是合作研发，即 $C(n+1)>D_2(n)$；当 n 值较大，即采取合作研发策略的企业较多时，企业的占优策略就是独自研发，即 $C(n+1)<D_2(n)$。在安全博弈中，由于企业的占优策略是相同策略，所以当 n 值较小，即采取合作研发策

略的企业少时，企业的占优策略就是独自研发，即 $C(n+1)<D_3(n)$；当 n 值较大，即采取合作研发的企业较多时，企业的占优策略就是合作研发，即 $C(n+1)>D_3(n)$。在这三种博弈中，采取合作研发策略的收益函数与采取独自研发策略的收益函数之间的关系，如图 5-1 所示。

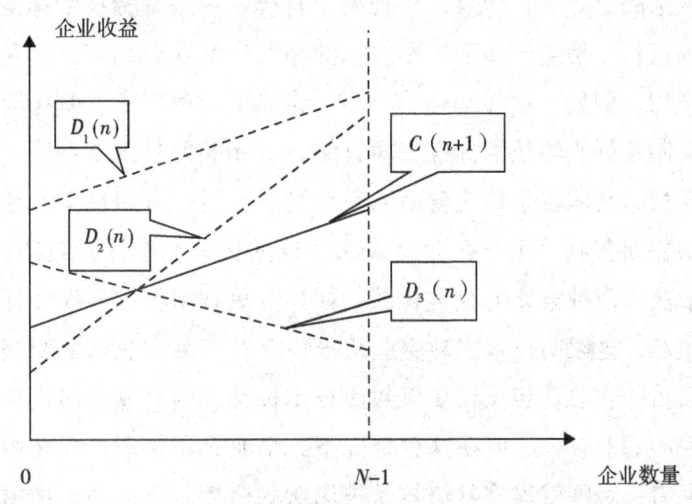

图 5-1　研发网络收益函数关系

在图 5-1 中，横坐标表示市场中的企业数量；纵坐标表示研发网络中采取不同策略时企业获得的收益；$C(n+1)$ 表示一个新的企业加入合作研发网络后的收益函数；$D_1(n)$ 表示在"囚徒困境"中采取独立研发策略的企业的收益函数；$D_2(n)$ 表示在懦夫博弈中采取独立研发策略的企业的收益函数；$D_3(n)$ 表示在安全博弈中采取独立研发策略的企业的收益函数。四条收益函数的大小关系如图中所示，当 $D(n)>C(n+1)$ 时，不管在哪种博弈中，企业都会采取独自研发的策略；当 $D(n)<C(n+1)$ 时，不管在哪种博弈中，企业都会采取合作研发的策略。

（2）标准化网络

"标准化网络是企业为在一定的经济区域内建立技术标准，领导行业规范而成立的网络。"❶ 标准化网络与研发网络不同，它具有明显的市场影响，具有市场导向。单个企业的市场势力有限，不可能独自推广一项技术进而建立相关行业标准。所以，企业之间必须进行策略联盟，扩大市场势力和技术的影响力，从而在一定的区域和领域内树立相应的技术标准。通过标准化网络的建立，企业可以实现两个目标：一是掌握技术标准，出售授权获取收益；二是生产基于标准技术的相关产品获取利润，这两者往往是同时实现的。例如，在移动通信领域，诺基亚、西门子、摩托罗拉等国际通信巨头制定行业的技术标准，而且掌握着相关的技术专利，它们一方面把技术授权给其他较小的运营商而获取利益，另一方面也生产相关的技术设备并出售而获利。至于企业是采取开放的技术标准还是封闭的技术标准，一般取决于两种策略的收益比较。如果开放技术标准，那么任何企业均可进行生产，这说明技术主导企业从出售互补产品中获得的利润高于通过授权而获得的收益。相反，如果封闭技术标准，则企业从出售技术标准授权中获取的利益较大，但在这种情况下，企业必须保证自身在相关领域是技术垄断者，否则就很难避免技术被淘汰的命运。企业必须把握好技术扩散与技术垄断的关系，防止过度的扩散而丧失相关收益和过度的垄断而导致的技术淘汰。

（3）纵向网络

"纵向网络又称垂直网络，指的是位于产品价值链不同环节的供应商与生产商为提高供应链的运作效率而组成的网络组织。"❷ 这些企业把较多的精力集中于发展核心竞争力，而把不太重要的环节进行外包。纵向网络与纵向整合是不同的。在19世纪末和20世纪的大部分时间里，企业都在进行纵向整合，扩大企业规模，以拥有产品价值链上的所有生产环节。例如，钢铁冶炼厂收购铁矿，发电厂收购煤矿。这种模式保证了原材料持续不断的供应，有利于企业获取最大的规模经济。企业之所以采取这种策略，原

---

❶ APD M. The network economy: strategy, structure and management [M]. Cheltenham MA: Edward Elgar Publishing, 2004: 22.

❷ APD M. The network economy: strategy, structure and management [M]. Cheltenham MA: Edward Elgar Publishing, 2004: 25.

第5章 企业网络的演变：基于行业生命周期

因在于当时的交通和通信技术不是很发达，没有形成完善的体系，而且产品市场也不够健全，这就导致不可能通过市场来保证原材料及时和正确的供应，纵向整合是不得已而为之。随着交通运输和通信技术的发展，以及商品体系的逐步完善，企业对纵向整合的需求也在不断降低，企业网络通过部分环节的外包来实现产品的生产。

另外，企业提供的产品化种类不断增多，而且是针对消费者需求的量身定做，从而也就要求供应个性化的原材料。但个性化的原材料是不能从市场上获得的，所以只有通过企业之间的合作来满足这种需求。这两种趋势，即外部采购可能性的提高和采购个性化的要求，导致了两种结果：一是企业不再依赖纵向整合；二是企业不再依赖市场机制进行采购。与供应厂商的网络化合作使企业既可以保持市场体系的灵活性，又可以保证稳定的原材料供应，达到了双重的经济目的。

纵向网络包括两个子网络类型：第一种是传统的有形物品的纵向供应网络，比如：丰田汽车的供应链网络；第二种是渠道联盟网络。后者主要出现在20世纪90年代的IT产业之中，比如：微软、SAP、SIEBEL等大型软件开发公司。这些公司把主要的精力与资源集中于软件开发，而把软件的销售外包给数以百计甚至千计的网络联盟伙伴。

纵向网络中的企业一般位于产品价值链的不同环节上，与不组建企业网络相比，纵向网络有利于厂商获得更大的经济利润。下面我们对此进行博弈分析，说明纵向网络存在的必要性。假设企业1和企业2分别是位于同一产品价值链上不同环节的两家厂商，其中，企业1是生产中间产品的上游企业，单位生产成本为 C_1，并按 P_1 的价格销售给企业2；企业2是生产最终产品的下游企业，单位生产成本为 C_2，并按 P_2 的价格把最终产品卖给消费者。为了便于分析，我们假设：价值链上只有这两家厂商；中间产品与最终产品的投入产出比为1∶1；消费者的需求函数是线性的；信息是完全的，即博弈方之间对可能采取的行为相互了解。

当企业1和企业2未组建纵向网络时，根据"经济人"假设，两家厂商将分别独自追求自身利润的最大化。由于企业1位于上游，先定价，而企业2位于下游，后定价，所以企业行为有先后之分，是一种序贯博弈，可以运用逆向归纳法，先求企业 2 的利润函数。设企业 1 与企业 2 的利润函数分别为 $\pi_1(P_1, P_2)$ 和 $\pi_2(P_1, P_2)$，二者面临的市场需求函数均为 $D(P_2) = a - P_2 (P_2 > C_2 + P_1)$。

企业 2 的利润最大化函数为

$$\max \pi_2(P_1, P_2) = \max(P_2 - C_2 - P_1)(a - P_2)$$

利润最大化条件（一阶导数为零）为

$$\frac{\partial \pi_2(P_1, P_2)}{\partial P_2} = (a - P_2) - (P_2 - C_2 - P_1)$$

$$\frac{\partial \pi_2(P_1, P_2)}{\partial P_2} = a - 2P_2 + C_2 + P_1 = 0$$

可以得出 $\qquad P_2 = \dfrac{a + C_2 + P_1}{2}$

同理，企业 1 的利润最大化函数为

$$\max \pi_1(P_1, P_2) = \max(P_1 - C_1)(a - P_2)$$

可以得出 $\qquad P_2 = \dfrac{a + C_2 + P_1}{2}$

代入上式得 $\quad \max \pi_1 = \max\ (P_1 - C_1)\ (a - \dfrac{a + C_2 + P_1}{2})$

利润最大化条件（一阶导数为零）为

$$\frac{\partial \pi_1}{\partial P_1} = (a - \frac{a + C_2 + P_1}{2}) - \frac{P_1 - C_1}{2} = 0$$

可得 $\qquad P_1^* = \dfrac{a - C_2 + C_1}{2}$

$$P_2^* = \dfrac{3a + C_1 + C_2}{4}$$

计算企业 1 的最大化利润为

$$\pi_1^*(P_1,P_2)=(P_1-C_1)(a-P_2)$$

可得
$$\pi_1^*=\frac{(a-C_2-C_1)^2}{8}$$

计算企业 2 的最大化利润为

$$\pi_2^*(P_1,P_2)=(P_2-C_2-P_1)(a-P_2)$$

可得
$$\pi_2^*=\frac{(a-C_2-C_1)^2}{16}$$

所以企业 1 和企业 2 的最大利润之和为

$$\pi_1^*+\pi_2^*=\frac{3(a-C_2-C_1)^2}{16}$$

当企业 1 和企业 2 组成纵向企业网络后，我们可以把两家厂商视为一家，所以不管是企业 1 还是企业 2 都是以市场中消费者的需求为基础来追求最大化利润，而对于通过网络合作获得的额外利润如何分配，则取决于两家企业的实力对比。

整个纵向网络的利润最大化函数为

$$\max\pi(P_1,P_2)=(P_2-C_2-P_1)(a-P_2)$$

又因为当两家企业组成网络后 $P_1=C_1$，即企业 1 以成本价把中间产品交给企业 2，代入上式得

$$\max\pi(P_1,P_2)=(P_2-C_2-C_1)(a-P_2)$$

利润最大化条件（一阶导数为零）为

$$\frac{\partial \pi}{\partial P_2} = (P_2 - C_2 - C_1)(a - P_2)$$

$$P^* = P_2^* = \frac{a + C_2 + C_1}{2}$$

利润最大化产量为

$$Q^* = \frac{a - C_2 - C_1}{2}$$

企业纵向网络的总利润为

$$\pi^* = (P^* - C_2 - C_1)P^*$$

也即
$$\pi^* = \frac{(a - C_2 - C_1)^2}{4}$$

通过比较发现,两家企业通过构建纵向网络获得的总利润 $\pi^* = \frac{(a-C_2-C_1)^2}{4}$,大于两家企业未构建合作网络之前的利润总和 $\pi_1^* + \pi_2^* = \frac{3(a-C_2-C_1)^2}{16}$。可见,位于产品价值链上不同环节的企业之间关联度很高,有很大的合作空间,通过建立纵向网络可以实现企业总体利润的帕累托改进,因此,企业有动力在生产过程中适时地建立纵向合作网络,追求更高的利润。

(4) 方案网络

"方案网络是指提供互补性产品或服务的生产者为满足消费者的个性化产品需求而组成的网络。"[1] 这种网络是为了适应经济的精细化和个性化而出现的,在这种经济环境下,消费者可以方便地获得量身定做的产品,而不是一般的标准化产品,所以方案网络的存在是以个性化需求为前提的。企业之间建立方案网络并不是应对产品的常规生产,而是当出现个性化需

---

[1] APD M. The network economy: strategy, structure and management [M]. Cheltenham MA: Edward Elgar Publishing, 2004: 29.

求之时才激活方案网络,完成个性化产品的生产,方案网络是一种潜在的、应激的网络组织形式。一般情况下,企业通过方案网络而拥有众多的合作伙伴,但企业并非需要所有伙伴的能力,而是当定制需求出现时,企业从所有方案网络伙伴之中选择最优者进行合作,它也是最为灵活的一种网络。

方案网络具有三个方面的特点。一是方案网络是由独立的公司基于一定的目标而组成的临时性网络,目标完成网络即解散,所以方案网络运作的关键在于如何协调网络成员之间的竞争与合作关系。二是方案网络成员一般较关注其核心竞争力的发展,所以企业经济活动的范围与传统企业相比要小。三是方案网络与传统的战略联盟有明显的区别:方案网络是应市场的变化或消费者的需求临时成立的,当任务完成后即解散;方案网络成员之间并没有正式的契约约束,企业之间的合作灵活多变;方案网络的主要优势在于对市场变化的快速反应,能较好地把握市场机会,而传统的战略联盟则反应比较迟钝,并且要耗费高昂的管理成本。

方案网络是一种动态型的组织形式,它根据特定的市场机遇或目标在备选成员中选择合适的企业,即任务不同,方案网络的成员组成就不同。从整体上来看,方案网络成员之间的这种"应机"合作关系是长期、稳定存在的,变化的只是网络成员的类型,而网络成员的选择主要以要完成的目标和企业自身的资源与能力为依据。方案网络主要应用于分散化的制造领域,它以企业群体资源与能力的集成为基础和原则,通过这种整体联系和由此产生的功能来提高生产的效率。方案网络克服了时间和空间的限制,把有限的资源投资在核心能力的建立上,并借助其他企业的资源与能力来延伸自己的市场范围与势力,所以网络成员的组成是异质性的,往往涉及产品价值链上的各个环节,比如:研发、生产、销售、服务等。

(5)横向网络

"横向网络是生产同类产品的竞争者之间为扩大市场势力、节约资本、优化产业结构等原因而建立的水平网络,又称准整合网络。"[1] 准整合网络

---

[1] APD M. The network economy: strategy, structure and management [M]. Cheltenham MA: Edward Elgar Publishing, 2004: 21.

这一概念恰当地说明了横向网络的目的在于获得只有通过传统的兼并与收购才能够产生的规模经济和成本节约。实际上在有些情况下，建立准整合网络是整合相关企业的前期步骤。如果企业能够通过网络组织实现规模经济和预期目标，那么就没有必要进行一体化整合。横向网络主要应用于成熟性行业和分散性行业，在成熟性行业当中，成本的节约和市场势力的扩大可以延长组织的生命周期，而在分散性行业中，横向网络可以把数量巨大的中小规模企业联合到一起以实现成本的节约。例如，在农业当中，个体农民很难独自实现自己产品的市场化，利益也不能得到保证，而相关合作组织的出现便解决了这一问题。

激烈的市场竞争环境是网络经济的推动力，而横向网络是企业应对激烈的市场竞争而建立的。竞争的不断加剧迫使企业持续地降低成本，提高效率，避免被市场淘汰。同样，经济的全球化和国家化促使了横向网络的产生和发展。下面通过构建企业博弈模型来研究横向网络产生和存在的可能性。

模型基本假设前提：企业（n 家）是某行业中生产同质性产品的厂商；企业的决策变量是产量，即模型中的企业均把产量的确定当作自己的决策行为，且企业选择使自己利润最大化的产量；设企业的固定成本均为 0，边际成本均为 C，企业建立横向网络后节约的边际成本为 S；此同质性产品的市场价格为 P，市场反需求函数为 $P = \alpha - Q$，（$Q = Q_1 + Q_2 + Q_3 + \cdots + Q_i \cdots + Q_n$，其中，$Q_i$ 为每家企业各自的产量）。

企业建立横向网络前后的收益比较：企业是否组建水平横向网络取决于能否从这一决策中获利，即是否有利于企业经济利润的提高，所以可以把企业之间的博弈过程分为两个阶段：第一阶段是组建横向网络前的古诺竞争阶段，即企业在假设对手产量不变的情况下选择自己的产量，最终达到纳什均衡，n 家企业平分市场需求；第二阶段是组建横向网络后企业之间的博弈阶段，在该阶段横向网络的整体收益必须大于或等于网络成员各自收益之和，否则追求最大化利润的企业不会建立横向网络。

第一阶段：

每家企业的最大化利润函数为

$$\max \pi_i = \max(P-C)Q_i \text{ （价格 } P \text{ 为各个企业的共同参数）}$$

$$\max \pi_i = \max(\alpha-Q_1-Q_2-Q_3-\cdots-Q_i-\cdots-Q_n-C)Q_i$$

利润最大化条件（一阶导数为零）为

$$\frac{\partial \pi_1}{\partial Q_1} = -Q_1 + (\alpha-Q-C) = 0$$

$$\frac{\partial \pi_2}{\partial Q_2} = -Q_2 + (\alpha-Q-C) = 0$$

$$\vdots$$

$$\frac{\partial \pi_n}{\partial Q_n} = -Q_n + (\alpha-Q-C) = 0$$

又因为 n 家企业是完全对称的，所以每家企业的古诺竞争均衡产量均相同，即

$$Q_1^* = Q_2^* = Q_3^* = \cdots = Q_i^* = \cdots = Q_n^* = \frac{\alpha-C}{n+1}$$

市场均衡价格为

$$P^* = \frac{\alpha+nC}{n+1}$$

所以，每家企业的最大化利润为

$$\pi_i^* = (\alpha-nQ_i-C)Q_i$$

$$\pi_i^* = \left(\frac{\alpha-C}{n+1}\right)^2$$

第二阶段：

假设在此阶段共有 $m+1$ 家企业组成横向网络，则没有参与该网络的企

业有 $n-m-1$ 家，而整个行业现存 $n-m$ 家企业展开竞争。组建网络后的企业由于资源共享等协同效应而导致其边际成本下降为 $C-S$，整个横向企业网络的产量为 Q_m。

首先，分析未加入横向网络的 $n-m-1$ 家企业之间的古诺产量竞争。

每家企业的利润最大化函数为

$$\max \pi_{ii} = \max(P-C)Q_i$$
$$\max \pi_{ii} = \max(\alpha - Q_1 - Q_2 - Q_3 - \cdots - Q_i - \cdots - Q_{n-m-1} - Q_m - C)Q_i$$

利润最大化条件（一阶导数为零）为

$$\frac{\partial \pi_{ii}}{\partial Q_i} = \alpha - Q_1 - Q_2 - Q_3 - \cdots - 2Q_i - \cdots - Q_{n-m-1} - Q_m - C = 0$$

又因为 $n-m-1$ 家企业是完全对称的，所以每家企业的古诺竞争均衡产量均相同，即

$$\frac{\partial \pi_{ii}}{\partial Q_i} = \alpha - Q_i - \cdots - (n-m-1)Q_i - Q_m - C = 0$$

$$Q_1^* = Q_2^* = Q_3^* = \cdots = Q_i^* = \cdots = Q_{n-m-1}^* = \frac{\alpha - Q_m - C}{n-m}$$

未加入横向网络的每家企业的最大化利润为

$$\pi_{ii}^* = [\alpha - (n-m-1)Q_i - Q_m - C]Q$$

$$\pi_{ii}^* = \left[\alpha - (n-m-1)\frac{\alpha - Q_m - C}{n-m} - Q_m - C\right]\frac{\alpha - Q_m - C}{n-m}$$

$$\pi_{ii}^* = \left(\frac{\alpha - Q_m - C}{n-m}\right)^2$$

其次，分析横向企业网络整体的最大化利润。

横向企业网络整体的利润最大化函数为

$$\max \pi_{iii} = \max[P-(C-S)]Q_m$$
$$\max \pi_{iii} = [\alpha-Q_1-Q_2-Q_3-\cdots-Q_i-\cdots-Q_{n-m-1}-Q_m-C+S]Q_m$$
$$\max \pi_{iii} = [\alpha-(n-m-1)Q_i-Q_m-C+S]Q_m$$

利润最大化条件（一阶导数为零）为

$$\frac{\partial \pi_{iii}}{\partial Q_m} = \alpha-(n-m-1)Q_i-2Q_m-C+S = 0$$

把 $Q_i^* = \dfrac{\alpha-Q_m-C}{n-m}$ 代入上式得

$$\frac{\partial \pi_{iii}}{\partial Q_m} = \alpha-(n-m-1)\frac{\alpha-Q_m-C}{n-m}-2Q_m-C+S = 0$$

得
$$Q_m^* = \frac{\alpha+S(n-m)-C}{n-m+1}$$

横向企业网络整体的最大化利润为

$$\pi_{iii}^* = [P-(C-S)]Q_m$$
$$\pi_{iii}^* = [\alpha-(n-m-1)Q_i-Q_m-C+S]Q_m$$
$$\pi_{iii}^* = [\frac{\alpha-Q_m-C}{n-m}+S]Q_m$$

把 $Q_m^* = \dfrac{\alpha+S(n-m)-C}{n-m+1}$ 代入得

$$\pi_{iii}^* = \left[\frac{\alpha+S(n-m)-C}{n-m+1}\right]^2$$

把 $Q_m^* = \dfrac{\alpha+S(n-m)-C}{n-m+1}$ 代入 $\pi_{ii}^* = \left(\dfrac{\alpha-Q_m-C}{n-m}\right)^2$ 可得

未加入横向网络企业的最大化利润为

$$\pi_{ii}^* = \left(\frac{\alpha-S-C}{n-m+1}\right)^2$$

企业是否加入横向网络比较的是加入网络前后的利润，即在第一阶段（古诺产量竞争阶段）$m+1$ 家企业可以获得的利润 $\pi_i^* = (m+1)\left(\frac{\alpha-C}{n+1}\right)^2$ 与组建横向企业网络后获得的利润 $\pi_{iii}^* = \left[\frac{\alpha+S(n-m)-C}{n-m+1}\right]^2$ 的大小关系。当 $\pi_{iii}^* \geq \pi_i^*$ 时，企业组建横向网络。

$$\pi_{iii}^* = \left[\frac{\alpha+S(n-m)-C}{n-m+1}\right]^2 \geq \pi_i^* = (m+1)\left(\frac{\alpha-C}{n+1}\right)^2$$

可得 $(n+1)[(\alpha-C)+S(n-m)] \geq (n-m+1)(\alpha-C)\sqrt{m+1}$

当 $S=0$ 时，$m+1 \geq \frac{2n+3-\sqrt{4n+5}}{2}$（可称为企业网络临界规模），即企业组成横向网络后对成本没有影响，但是加入网络的企业数量满足一定的条件，所以组建横向网络对企业来说也是有利的。当 $S>0$ 时，$S \geq \frac{(\alpha-C)[(n-m+1)\sqrt{m+1}-(n+1)]}{(n-m)(n+1)}$（可称为企业网络临界节约成本），即当企业通过组建横向网络获得的成本节约满足上面的条件时企业就构建横向企业网络，此时加入横向网络的企业数量若大于 $\frac{2n+3-\sqrt{4n+5}}{2}$，则对成本节约 S 值没有要求；若小于 $\frac{2n+3-\sqrt{4n+5}}{2}$，则成本节约 S 值不应小于 $\frac{(\alpha-C)[(n-m+1)\sqrt{m+1}-(n+1)]}{(n-m)(n+1)}$。

通过上面的分析我们发现，企业在选择是否加入横向网络时，需要考虑两个方面的因素：一是企业网络的临界规模 $m+1 \geq \frac{2n+3-\sqrt{4n+5}}{2}$，即在该行业中有多少企业要加入或已经加入该横向网络。如果网络成员数目大于该规模，则不管加入网络能不能实现成本节约，企业都应该加入该网络进而获得大于非网络成员获得的收益；如果网络成员的数目小于临界规模，则企业需要考虑第二个因素。二是企业网络临界节约成本 $\dfrac{(\alpha-C)\left[(n-m+1)\sqrt{m+1}-(n+1)\right]}{(n-m)(n+1)}$。也就是说如果横向网络的规模有限，那么企业在考虑是否加入时就必须比较加入网络后节约的成本是否大于 $\dfrac{(\alpha-C)\left[(n-m+1)\sqrt{m+1}-(n+1)\right]}{(n-m)(n+1)}$，大于就加入，否则就不加入。

小 结

不确定性在经济活动中是广泛存在的，而且是不断变化的。协调经济活动的方式从市场到企业，再到网络，也是由不确定性的变化引起的。企业网络作为一种经济机制也并非一成不变的，它伴随着行业的发展而不断演变：在行业发展初期，企业网络更多地表现为研发网络；在行业发展成熟期，则表现为纵向网络的盛行；在行业衰退阶段，企业之间构建的则多是横向网络。不同的网络具有不同的功能，能够帮助企业达到不同的经济目标，研发网络有助于企业分担开发新技术的风险与成本，便于企业的生存与成长；标准化网络有助于企业建立行业标准，占据市场主导地位；纵向网络有助于企业提高供应链效率，专注核心竞争力；方案网络有助于提高企业的灵活性，满足消费者的个性化需求；横向网络有助于企业扩大市场势力，延长企业的生命周期。本章的分析是基于人类行为的目的性的，人类行为的目的性在企业网络中表现为不同企业网络类型的选择。不同的网络类型具有不同的功能与特征，服务于不同的经济目的。企业在进行网络化之前必须清楚界定组织的目标，进而选择合适的网络类型，这也是网络化策略的首要一步。

第6章

企业网络成员的定位：角色选择与进化博弈

前面的章节介绍了不同网络类型具有的不同经济功能，而企业必须结合自身的组织目标来选择合适的网络类型。那么，在本部分单个企业所面对的问题是如何在具体的某一类型网络之中确定自己最优的网络位置，进而获得预期的网络收益，这是从企业层次对网络成员定位进行分析的。本章主要介绍三种网络角色及其比较，并对角色之间的博弈与均衡进行深入分析。

6.1 企业网络成员三种角色的比较

在网络当中企业的角色多种多样，但最具代表性的有三种：一般成员（group member）、连接者（connecter）和指挥者（orchestrator）。这三种角色或网络位置都有各自的优势和劣势，表6-1是简要比较[1]。

---

[1] PIETER A. The network economy: strategy, structure and management [M]. Cheltenham MA: Edward Elgar Publishing, 2007: 41.

表 6-1　网络角色优劣势比较

角色	定义	优势	劣势
一般成员 （group member）	网络的基本组成部分，与其他网络成员均建立联系	及时获得信息与知识；容易建立新的联盟；基于共享规范的高效合作；避免机会主义	成员众多；官僚、机械、依赖；关注范围有限；较难吸纳新成员；面对竞争与创新容易被替代
连接者 （connecter）	介于没有联系的成员或网络之间，起到中介的作用	能够接触各种信息；灵活；对冲风险；管理任务小	缺乏信任，无核心信息的交流；频繁更换合作伙伴
指挥者 （orchestrator）	网络的核心成员	接触核心成员与信息；合作自由度较大，能抑制竞争对手的发展	责任重大；承担大部分管理任务

6.1.1　一般成员

一般成员在企业网络当中并不占据任何特殊的位置，但是却与网络成员联系密切。企业如在网络中扮演该角色，必须掌握一项核心技术生产要素，在价值链的某个环节上提供服务。企业作为网络的一般成员可以通过伙伴及时地获得相关信息，占据信息优势。此外，长期的网络关系使成员之间了解透彻，节省了建立契约的时间与成本，也防止了机会主义行为的产生，促使企业更注重长期的收益而不是短期所得。当然一般成员也面临着许多不足，当网络规模过大、官僚作风盛行之时，成员对网络的过度依赖可能会导致企业的"近视效应"，即只关注自身周边有限领域的情况，而忽略了外在的发展，最终造成企业的发展滞后、创新缺乏，进而丧失在网络当中的竞争能力。而且由于成员已经对网络进行了有形的或无形的先期投资，这就导致新成员加入网络的困难。再有，因为一般成员在网络之中的普通位置，所以一旦具有相似功能的竞争者出现，自身的地位就很难保证。

6.1.2 连接者

连接者指的是连接未建立联盟的两个及以上企业或企业群的公司。比如：企业 A 分别和企业 X 与 Y 建立了联盟关系，而企业 X 与 Y 并未建立合作关系，那么在这种情况下企业 A 便是企业 X 与企业 Y 的"桥"连接，它为后两者建立了相互联系的桥梁。X 与 Y 之间的缺口或间隔称为"结构洞"。企业 A 可以通过 X 与 Y 之间的"结构洞"来获取一定的收益，原因如下：第一，由于 A 位于连接者的位置上，它可以获得来源完全不同的信息和知识，也就是说 A 具有信息优势，从而可以控制该区域网络内信息和知识的流动，并在此基础上调整网络以符合自身需求。与网络内的一般成员相比，位于连接者位置上的企业更具灵活性，而且它们之间的整合程度也较低。第二，因为网络当中的成员之间并非都存在关联，所建立、调整和解散网络联系都比较容易，这也有利于连接者来规避风险。连接者不像网络当中的一般成员那样把所有的鸡蛋放在一个篮子里，而是尽量利用自己的位置优势来分摊风险，这一点在研发网络当中体现得最为明显。在现实的经济环境中，市场上同时存在着一定数量的不同的相互竞争的技术，一般情况下很难预测哪种技术会成功，因此，只对其中的一项技术进行投资是风险较大的。连接者通过参与研发不同技术的多个网络联盟而获得与多项技术的接驳，避免了错失成功技术的风险。最后，由于连接者拥有较少的联盟，所以其所承担的管理负担要小于一般的网络成员。

从反面来看，作为连接者也存在着劣势，即它很难得到其他网络成员的信任。当网络成员发现自己与连接者交流时，一般网络成员大都会保留信息和知识，而这就削弱了连接者所具有的价值。也就是网络关系的密切程度决定了信息、知识的交流程度以及网络组织的稳定性大小，连接者自身的特征导致它与一般网络成员的关系稳定性较差，时刻面临解体的危险，这就增加了相应的风险。

6.1.3 指挥者

指挥者是指位于网络组织中心的企业。这种类型的企业或者拥有较大的市场势力和份额（如微软），或者拥有著名的品牌（如耐克），或者位于供应链上的特殊位置（如丰田），因此，对相应的网络和产业具有较大的影响力。指挥者与数量众多的公司建立了网络联盟关系，但在每个产业当中该类企业的数量很少，比较有限。由于指挥者类型的企业自身的特点，导致众多的企业想与其合作，这就赋予了该类企业较大的选择自由度和信息优势，有利于企业位置的进一步巩固。同样，指挥者在网络当中也承担着不成比例的责任与管理任务，一旦网络组织出现问题，指挥者首当其冲，就会承受较大的损失与负面影响。位于不同行业的企业应该定位的角色不一样，比如，在技术稳定的钢铁行业最好选择做一般网络成员，而在技术易变的微电子和生物技术行业应定位于连接者。

6.1.4 网络位置选择的制约因素

网络组织形式同传统的组织形式同样是伴随经济的发展逐渐显现的。一旦企业意识到网络组织的高效和所能完成的目标，它们就会有意识地构建网络组织，但网络组织的构建受到几个因素的制约，导致理想的网络策略与现实情况还是有一定差距的。现实网络策略的差异主要由四个方面的因素造成：一是缺乏优秀的合作伙伴。企业在构建网络时发现合适的合作对象已经被竞争对手占据。二是网络空间有限。在企业进入之前就已经存在类似的网络组织，而这些网络组织排斥新成员的加入，这就阻碍了企业建立网络联系。三是缺乏竞争能力、市场势力或核心技术。如果企业本身比较弱小，又没有掌握核心技术，那么在网络的构建过程中就会比较被动，因为很少有企业愿意与弱者为伍。相反，强大的企业在此过程中就会较主动，能够挑选合适的合作伙伴，掌握网络构建的形式，进而最大化自身利益。四是不良声誉。如果企业经常违约、背叛伙伴，那么它就会发现建立网络联盟十分困难。

6.2 企业网络成员的进化博弈分析

前面对企业网络中的成员类型进行了详细的分析，即指挥者、连接者和一般成员,但这种分类不利于量化分析。企业网络成员的定位或者类型的选择实际上是企业想通过选择合适的网络角色来争取企业网络中尽可能大的联盟值,而网络参与企业之间的关系是一种合作与竞争共存的关系,所以从中抽象出两种最基本的人类行为:竞争与合作,并把网络成员类型按照其行为归为两类:竞争型成员和合作型成员。下面主要对这两种成员类型在企业网络中的博弈过程展开进化视角的过程分析。

6.2.1 进化论与博弈论

生物学中的进化论与社会科学研究方法博弈论之间存在着一种相互利用的关系:生物界中种群之间存在着复杂的相互作用,非常适合用博弈论来分析;而社会科学也可以从进化论中借鉴进化、过程的分析理念,对社会经济现象进行动态分析。

"进化论有三个基础假定:异质性、适应性和选择性。"❶ 由于动物的各种行为由多个基因决定,而基因库的多样性保证了动物行为的多样性,即异质性。动物的某些行为在与其他动物的相互作用中更具优势,而有些行为则相反,具有优势的行为的适应性高于其他行为;对适应性行为的检验不光体现在能否生存上,更要看是否有利于繁衍,而有利于繁衍的行为通过基因被保存下来并世代相传。反之,则被淘汰,这是一个动态的选择过程。

在漫长的生物进化过程中,由于偶然因素动物的基因可能会发生突变并产生变异体,变异体采取一种全新的生存策略入侵群体。大部分变异体不能适应群体环境而灭亡,但偶尔会出现一种更具优势的变异体,然后成功地入侵群体并成为群体的组成部分,这便是生物不断进化的过程。当群体不能被任何变异体入侵时,那么该群体就达到了一种进化稳定状态。在生物进化过程中,变异体的适应性取决于周围的自然环境和群体环境,即群体中其他成员的行为影响着变异体的适应性,这种相互作用与博弈概念

---

❶ 迪克西特,斯克丝,赖利. 策略博弈 [M]. 王新荣,等译. 4版. 北京:中国人民大学出版社,2020:335.

非常相似。生物学家已经把博弈论进行修改并运用到生物之间的相互作用中，而博弈论专家也把进化的思想引进到博弈中，用更切合实际的进化博弈来分析经济社会现象。

经典博弈理论的假设前提是参与人的理性以及最终达到的均衡状态，但这种博弈理论过于理性化，忽视了现实人的有限理性。当博弈参与人由于是新人缺乏经验或不具有进行理性计算的能力时，他们的策略就会有所区别，而博弈最终达到的结果也将与理想的博弈均衡有很大不同。

在现实的社会生活中，人的理性程度千差万别，做出的选择也就不同，但每个人都有为其利益而改善自身行为的激励。每个人在与他人博弈的过程中不断地积累经验，进行观察，进而修正自己的策略。这是一个动态演进的过程，而较好的策略就会生存下来，被更多的人采用。进化分析来源于生物学中的进化思想。在动物界，动物的基因对其行为有重要的影响，有的行为可能在当前的环境中适应性较强，而有的则相反，拥有适应性较强行为的动物可能存活概率更高并把基因遗传给后代。通过行为与基因之间的互动关系，动物不断完善自己的基因以提高自身的生存概率，最终可能会达到一种均衡。与生物当中的进化类似，博弈参与人可能不能自由选择策略，而是由一些客观条件来决定的。在与其他参与人的相互作用中，使参与人获得较高收益的策略被保存下来并得到更大范围的使用。相反，较差的策略逐渐被淘汰。这便是社会中的"优胜劣汰"机制。

进化博弈的特征在于研究博弈的动态化过程，注重的是过程分析，而不是均衡分析。它突破了传统经济学的"理性人"假设，承认人的有限理性和人的学习能力，也就是理性的渐进性，即人通过观察和学习不断变得更理性，更能采取使自己获得最大利益的行为。而传统经济学假设人从一开始就是完全理性的，这就是进化博弈更切合实际的原因，但许多博弈的进化稳定结果与理性博弈最终达成的均衡是相同的，这说明进化分析是均衡分析的基础。

6.2.2　成员类型进化博弈分析

成员类型博弈（hawk-dove game），企业网络成员在选择网络角色时发生的相互作用，指的是同一企业网络内部两种成员类型之间的博弈。"竞争型成员"和"合作型成员"代表两种截然不同的定位："竞争型成员"代表进攻型的角色；"合作型成员"代表合作型的角色。博弈背景是网络成员为获得最大化的网络资源而选择自身的网络角色。当两个竞争型成员遭遇时，它们之间通过竞争来获取资源，取胜与失败的概率各为50%，取胜时获得资源R，失败时获得$-C$，即双方的期望支付为$\frac{R-C}{2}$。当两个合作型成员遭遇时，它们之间通过合作来分享资源R，所以各自获得支付$\frac{R}{2}$。当一个竞争型成员与一个合作型成员遭遇时，前者获得资源R，后者获得支付0。两种类型的网络成员在各种情况下的收益见表6-2。

表6-2 成员类型博弈支付表

企业甲	企业乙	
	竞争型成员	合作型成员
竞争型成员	$\frac{R-C}{2}, \frac{R-C}{2}$	$R, 0$
合作型成员	$0, R$	$\frac{R}{2}, \frac{R}{2}$

实际上，竞争型网络环境的形成不仅耗费单个企业的时间与资源，更会消耗掉很多的网络收益或联盟值。而合作型环境的形成不仅避免了第一种成本，而且会提高网络收益或联盟值。这也会产生一种"囚徒困境"，但这种困境与企业网络合作机理分析中的困境不同，此处的困境是在分配收益时产生的，彼处的困境是在产生合作收益时产生的。所以，企业网络成员类型的选择非常关键，不仅关系企业本身的收益，更影响到整个企业网络的联盟值。下面我们分析当企业各自选择竞争型成员或合作型成员时，通过成员之间的相互作用而最终导致整个企业网络的均衡状态是什么样的，即企业群体的内部结构状况。

（1）当$R>C$时的企业网络进化

如果在企业网络当中竞争型成员占据多数，那么就可以通过分析该企业群体能否被合作型成员侵入来分析企业群体的进化方向。假设合作型成员在群体中的比例为 m，则竞争型成员比例为 $1-m$。那么，在随机相遇的过程中，竞争型成员将以 m 的概率遇到合作型成员，并获得收益 R；以 $(1-m)$ 的概率遇到其他竞争型成员，并将获得收益 $\frac{R-C}{2}$。因此，竞争型成员的期望收益为 $\left[mR+(1-m)\frac{R-C}{2}\right]$，合作型成员的期望收益为 $\left[\frac{mR}{2}+(1-m)\times 0\right]$，这也是两种网络成员类型的适应性体现。因为 $R>C$，通过计算得知 $\left[mR+(1-m)\frac{R-C}{2}\right]>\left[\frac{mR}{2}+(1-m)\times 0\right]$ $(0<m<1)$，即选择竞争型成员的收益要大于选择合作型成员的收益，也就是说竞争型成员的适应性要强于合作型成员，而合作型成员不能侵入该企业网络。所以在竞争型成员占主导的企业网络中，竞争型成员是进化稳定的，该企业网络最终将达到一种单态均衡，即全部由竞争型成员组成。相反，如果在企业网络中合作型成员占据多数，则假设竞争型成员的比例为 n。通过类似的计算得出合作型成员的期望收益为 $\left[0\times n+\frac{R(1-n)}{2}\right]$，而竞争型成员的期望收益为 $\left[(1-n)R+\frac{n(R-C)}{2}\right]$，比较得知竞争型成员的适应性要高于合作型成员的适应型，因此，可以侵入合作型成员较多的企业网络。综合上面的分析可知，当 $R>C$ 时，不管企业网络在开始状态是合作型的还是竞争型的，最终都会达到单一成员类型的均衡，即企业网络全部由竞争型成员组成。

（2）当 $R<C$ 时的企业网络进化

如果在最初的企业群体中竞争型成员居多，其中合作型成员的比例仍假设为 m，则两类成员的收益函数与 $R>C$ 时相同，即 $\left[mR+(1-m)\frac{R-C}{2}\right]$ 与 $\left[\frac{mR}{2}+(1-m)\times 0\right]$。但是，当 $R<C$ 时，$R-C<0$，又因为 m 值是非常小的，所以包含 $(1-m)$ 的项要比包含 m 的项重要许多，故 $\left[mR+(1-m)\frac{R-C}{2}\right]<\left[\frac{mR}{2}+(1-m)\times 0\right]$。因此，合作型成员比竞争型成员适应性更强，能够侵入

竞争型成员居多的企业网络群体。

相反，如果在原有的企业网络中合作型成员居多，那么小比例的竞争型成员能否侵入该网络？假设入侵者的比例为 n，通过计算得出合作型成员的期望收益为 $\left[0 \times n + \dfrac{R(1-n)}{2}\right]$，而竞争型成员的期望收益为 $\left[(1-n)R + \dfrac{n(R-C)}{2}\right]$。因为 $R<C$，所以 $\dfrac{R-C}{2}<0$，而且 n 值很小，故 $\left[0 \times n + \dfrac{R(1-n)}{2}\right] < \left[(1-n)R + \dfrac{n(R-C)}{2}\right]$。此不等式表明竞争型成员具有较强的适应性，能够侵入合作型成员较多的企业网络中。

总之，当 $R<C$ 时，每种类型的变异均能够入侵其他类型的群体，即群体不可能是单态的，它有两种可能的均衡：一是每个参与人均采取纯策略而导致的多态均衡；二是每个参与人均采取混合策略而产生的均衡。

（3）当 $R<C$ 时的多态均衡

如果企业网络中竞争型成员的比例为 n，则其期望收益为 $\left[(1-n)R + n\dfrac{R-C}{2}\right]$，而合作型成员的期望收益为 $\left[0 \times n + R\dfrac{1-n}{2}\right]$。

若 $\left[0 \times n + R\dfrac{1-n}{2}\right] < \left[(1-n)R + n\dfrac{R-C}{2}\right]$

则 $n\dfrac{R-C}{2} + R\dfrac{1-n}{2} > 0$

因此 $R - nC > 0$

从而 $n < \dfrac{R}{C}$

当 $n < \dfrac{R}{C}$ 时，竞争型成员更具适应性；当 $n > \dfrac{R}{C}$ 或 $1-n < 1-\dfrac{R}{C}$ 或 $m < 1-\dfrac{R}{C}$ 时[1]，合作型成员更具适应性。可见，哪种类型更少，哪种类型就更具有适

---

[1] 当 $R<C$ 且企业群体中竞争型成员居多时，比例值为 m 的少数合作型成员侵入原企业群体的条件为 $\left[mR + (1-m)\dfrac{R-C}{2}\right] < \left[\dfrac{mR}{2} + (1-m)0\right]$，通过推导得 $m < 1 - \dfrac{R}{C}$。

应性。而当 $n=\dfrac{R}{C}$ 时，我们就得到一个稳定多态均衡，其中，竞争型成员的比例为 $\dfrac{R}{C}$，合作型成员的比例为 $1-\dfrac{R}{C}$，这一均衡结果如图 6-1 所示。

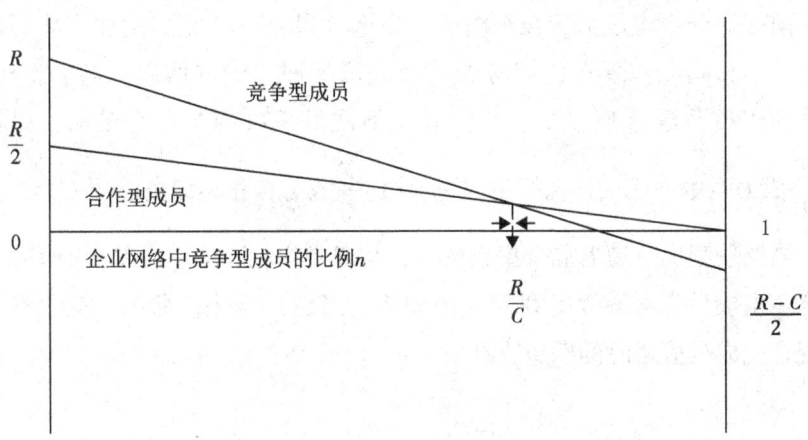

图 6-1　成员类型博弈的适应性和多态均衡

横坐标表示企业网络中竞争型成员的比例，纵坐标表示两种网络成员的适应性，即收益值。在企业的群体中假设竞争型成员的比例为 n，则合作型成员的适应性与比例 n 的关系为 $\left[0\times n+R\dfrac{1-n}{2}\right]$，即 $\left[-\dfrac{nR}{2}+\dfrac{R}{2}\right]$，即图中较平缓的直线。当 $n=0$ 时，合作型成员的适应性为 $\dfrac{R}{2}$；当 $n=1$ 时，合作型成员的适应性为 0。而竞争型成员的适应性与比例 n 的关系为 $\left[(1-n)R+n\dfrac{R-C}{2}\right]$，即 $\left[-\dfrac{n(R+C)}{2}+R\right]$，即图中较陡峭的直线。当 $n=0$ 时，竞争型成员的适应性为 R；当 $n=1$ 时，竞争型成员的适应性为 $\dfrac{R-C}{2}$。当 $n<\dfrac{R}{C}$ 时，竞争型成员的直线位于合作型成员的直线的上方，表示前者更具适应性；当 $n>\dfrac{R}{C}$ 时，竞争型成员的直线位于合作型成员的直线的下方，表示后者更具适应性。总之，当比例 $n \neq \dfrac{R}{C}$ 时，企业网络成员之间就会互相侵入直到达到这一均衡点。

（4）当 $R<C$ 时的混合型成员单态均衡

前面的分析均是基于纯策略的，那么如果有混合型成员加入将对均衡产生什么影响呢？现在我们考虑三种成员类型之间的博弈：竞争型成员、合作型成员及混合型成员。其中混合型成员采取的是混合策略：以概率 $p=\dfrac{R}{C}$ 成为竞争型成员，以概率 $(1-p)=1-\dfrac{R}{C}$ 成为合作型成员。

当竞争型成员遭遇混合型成员时，其期望收益取决于概率 p 和 $1-p$，即与竞争型成员遭遇的概率和与合作型成员遭遇的概率。所以，竞争型成员与混合型成员遭遇时的期望收益为

$$p\frac{R-C}{2}+(1-p)R$$

$$=\frac{R}{C}\frac{R-C}{2}-\frac{C-R}{C}R$$

$$=-\frac{1}{2}\frac{R}{C}(C-R)+\frac{R}{C}(C-R)$$

$$=R\frac{C-R}{2C}$$

当合作型成员与混合型成员遭遇时的期望收益为：$p \times 0+(1-p)\dfrac{R}{2}=\dfrac{C-R}{C}\cdot\dfrac{R}{2}=\dfrac{R(C-R)}{2C}$。当混合型成员遭遇混合型成员时，自身是竞争型的且对方也是竞争型的概率为 $p \times p$，收益均为 $\dfrac{R-C}{2}$；自身是竞争型的但对方是合作型的概率为 $p(1-p)$，自身收益为 R；自身是合作型的但对方是竞争型的概率为 $(1-p)p$，自身收益为 0；自身是合作型的且对方也是合作型的概率为 $(1-p)\times(1-p)$，收益均为 $\dfrac{R}{2}$。所以混合型成员总的期望收益为

第6章 企业网络成员的定位：角色选择与进化博弈

$$p \times p \frac{R-C}{2} + p(1-p)R + (1-p)p \times 0 + (1-p) \times (1-p)\frac{R}{2}$$

$$= pp\frac{R-C}{2} + pR - ppR + (1-p) \times (1-p)\frac{R}{2}$$

$$= \frac{ppR}{2} - \frac{ppC}{2} + pR - ppR + \frac{R}{2} - Rp + \frac{ppR}{2}$$

$$= \frac{R}{2} - \frac{ppC}{2}$$

$$= \frac{CR - RR}{2C} \quad (代入 p = \frac{R}{C})$$

$$= R\frac{C-R}{2C}$$

通过比较发现，三种成员类型的期望收益是相同的，设这个共同收益为 $I = R\frac{C-R}{2C}$。

下面从进化稳定的角度来分析混合型成员能否被竞争型成员和合作型成员侵入。假设企业网络当中以混合型成员为主且有少量竞争型成员，其比例为 n，则竞争型成员以 n 的概率与同类型的成员遭遇，收益为 $\frac{R-C}{2}$；以 $(1-n)$ 的概率与混合型成员遭遇，收益为 I。所以竞争型成员总的期望收益值为 $n\frac{R-C}{2} + (1-n)I$。同理，混合型成员以 n 的概率与竞争型成员遭遇，且在这个概率内以概率 p 是竞争型成员，收益为 $p\frac{R-C}{2}$，以概率 $(1-p)$ 是合作型成员，收益为 0；以 $(1-n)$ 的概率与混合型成员遭遇，收益为 I。所以混合型成员总的期望收益值为 $n\left[p\frac{R-C}{2} + (1-p) \times 0\right] + (1-n)I$，即 $pn\frac{R-C}{2} + (1-n)I$。又因为 $R<C$，即 $R-C<0$，$0<p<1$，所以 $n\frac{R-C}{2} + (1-n)I < pn\frac{R-C}{2} + (1-n)I$，即混合型成员的适应性要强于竞争型成员的适应性，所以小比例的竞争型成员不能侵入以混合型成员为主体的企业网络群体。假设企业网络当中以混合

型成员为主且有少量合作型成员，其比例为 m，则合作型成员以 m 的概率与同类型的成员遭遇，收益为 $\frac{R}{2}$；以 $(1-m)$ 的概率与混合型成员遭遇，收益为 I。所以合作型成员总的期望收益值为 $\left[m\frac{R}{2}+(1-m)I\right]$。同理，混合型成员以 m 的概率与合作型成员遭遇，且在这个概率内以概率 p 是竞争型成员，收益为 pR，以概率 $(1-p)$ 是合作型成员，收益为 $(1-p)\frac{R}{2}$；以 $(1-n)$ 的概率与混合型成员遭遇，收益为 I。所以混合型成员总的期望收益值为 $m\left[pR+(1-p)\frac{R}{2}\right]+(1-m)I$。因为两种类型的期望收益值的后一项相同，所以比较 $\frac{R}{2}$ 与 $\left[pR+(1-p)\frac{R}{2}\right]$ 的大小即可，因为 $\left[pR+(1-p)\frac{R}{2}\right]=\frac{R}{2}+\frac{pR}{2}>\frac{R}{2}$ ($p>0$, $R>0$)，所以 $m\left[pR+(1-p)\frac{R}{2}\right]+(1-m)I>\left[m\frac{R}{2}+(1-m)I\right]$，即混合型成员的适应性要强于合作型成员的适应性，所以小比例的合作型成员不能侵入以混合型成员为主体的企业网络群体。综合上面的分析发现，企业网络中混合型成员也是进化稳定的。

总之，当 $R<C$ 时，企业网络群体能够达到两种进化稳定均衡：一种均衡结果是企业网络中存在竞争型和合作型两种不同的成员类型，是一种多态均衡；另一种是企业网络中只存在混合型一种成员类型，这种混合型成员以与多态均衡中不同类型成员相同的概率选择纯策略，这种混合型成员的进化稳定主要体现在整个企业网络群体中合作型成员与竞争型成员之间的平衡比例上，并不要求网络成员个体具有混合策略概率选择的意识和能力。所以企业网络的两种进化稳定均衡的最终体现是相同的，均表现为群体中两种类型企业成员之间的平衡比例关系。

6.2.3 理性博弈与进化博弈的比较

由图 6-1 可知，如果企业理性地在竞争型成员和合作型成员之间进行选择，那么当 $R>C$ 时，该博弈就是"囚徒困境"博弈，占优均衡是（竞争型，竞争型），但对所有企业成员来说，（合作型，合作型）是更好的结果。当 $R<C$ 时，则（竞争型，竞争型）不再是占优均衡。博弈此时有两个纯策略纳什均衡：（竞争型，合作型）和（合作型，竞争型）；一个混合策略均衡：企业乙选择竞争型的概率 p 使得企业甲选择竞争型和合作型没有差异，即达到均衡。此时，$p\frac{R-C}{2}+(1-p)R=p\times 0+(1-p)\frac{R}{2}\Rightarrow p=\frac{R}{C}$。

通过比较进化博弈分析和理性博弈分析的结果，可以发现，在进化博弈中，当 $R>C$ 时，其结果与理性博弈中的"囚徒困境"的均衡是一致的；当 $R<C$ 时，进化博弈中的多态型均衡类型比例与理性博弈中的混合策略均衡混合比例相同，两种结果虽然相同，但途径不同。在理性博弈中，每个参与人采取混合策略达到均衡；在进化博弈中，每个个体采取一种纯策略，但不同类型的个体适用的策略是不同的，最终在群体中进化成一种多态均衡，即大量有意的个体行为导致了无意的群体结果。

两种博弈之间的相似性说明进化与有意识理性决策之间存在着密切的关系：一个进化稳定均衡必定是由具有相同支付结构的有意识地进行理性决策的参与人所进行博弈的一个纳什均衡，这说明不存在更好的策略能够入侵到进化稳定群体之中，因为所谓纳什均衡，简单来说就是在个体之间的博弈中不存在更好的策略来替代当前的策略。反之，并不成立，因为在进化过程中纳什均衡有可能被变异策略入侵，即宏观现象并不是微观行为的简单放大。总之，理性博弈是一种个体的均衡的分析方法，研究的是任意两个个体之间的相互作用及达到的均衡；而进化博弈是一种整体的进化过程的动态分析方法，研究的是群体的最终进化方向。两者的比较见表 6-3。

表 6-3 理性博弈与进化博弈的比较

博弈类型	比较项目			
	假设前提	视角	方法	关系
理性博弈	完全理性	个体	均衡	进化方法是以一种迂回的方式为"理性人"方法提供了理由，即进化方法是理性方法的基础
进化博弈	渐进理性	群体	进化	

综上所述,当 $R>C$ 时,表示企业面临的"诱惑"大于所要受到的"惩罚",即网络成员在与其他参与成员进行博弈时,倾向于当竞争型成员或者是领导者。因为领导者在与一般成员进行互动时往往处于有利地位并能获得更多的收益,所以这种类型的企业网络经过一段时间的进化将达到一种稳定均衡,但这种均衡对整个企业网络来说并不是最优的,因为企业网络成员之间的竞争耗费了一定的成本,与在和平的状态下分享资源是不同的。在企业网络中,网络成员争当领导者,进而形成一种网络"囚徒困境",但此时的"困境"与第 4 章中的"困境"不同。此处的"困境"是企业网络内部的困境,是企业在分配网络公共资源的过程中产生的,而第 4 章中的"困境"是企业在整个行业中与其他企业互动时产生的,前者有新的资源或收益形成,而后者并没有。所以企业网络的存在仍然有其必要性。

当 $R<C$ 时,企业面临较大的成本,竞争行为的收益不足以弥补其所造成的损失,这种情况在实际的经济生活中也是比较常见的。企业网络成员在这种状态下必须考虑如何与其他成员在网络中共存。通过上面的进化博弈分析我们发现,当 $R<C$ 时企业群体经过漫长的进化过程,最终将达到一个多态稳定均衡。所谓多态,是指企业群体的构成不是单一的,而是由竞争型成员和合作型成员共同组成的,二者的比例符合 $\frac{R}{C}$ 的关系,即 R 越大,则企业网络中竞争型成员越多,合作型成员越少。从另一个角度来理解,如果构建网络的收益越大,则网络成员的组成多为实力较强的竞争型企业,也就是强强联合;相反,如果构建网络的收益较小,则网络成员的组成中实力较强的企业就较少,因为缺乏激励,而市场势力较小的企业较多,它们通过企业联合分享网络带来的收益,是一种弱弱联合。此外,当 $R<C$ 时企业还将达到一种混合策略的单态均衡。在这种均衡中,企业网络中只有一种类型:混合型成员,即以一定的概率 $\frac{R}{C}$ 是竞争型成员,以 $(1-\frac{R}{C})$ 的概率是合作型成员。这两种均衡是不同的:在前面的进化博弈中,单个企业采取的是纯策略,但通过群体的进化形成了一种多态均衡;在后面的进化博弈中,单个企业采取的是混合策略,且经过群体的进化形成了一种单态

均衡。不管博弈的进化稳定均衡是单态的还是多态的，都是对理性博弈中理性行为的一个支持与证明，即进化均衡是理性人决策的潜在基础。

在现实的经济生活中，不同行业中企业网络的收益值 R 是不同的，而且每个企业的 C 值也是不同的。在 R 值较大且大于 C 的行业中，企业网络成员对网络收益进行的是竞争性瓜分，也就是说企业定位于竞争型成员，乐于当领导者。相反，在 R 值较小且小于 C 的行业中，企业网络成员则呈现出一种混合状态：既有竞争型的成员，又有合作型的成员。在这种多态均衡中，如果 R 值相对来说较大，则均衡中竞争型成员较多，以大企业为主。相反，则以小企业为主。比如：在传统的钢铁行业中，通过企业网络的建立一般获得的收益较大，所以在该行业的企业网络中都是大的钢铁公司，大家都是领导者，而很少见到小钢铁公司组成企业网络；而在服务业当中，由于企业间进行联合的收益有限，所以在该行业中组成企业网络的多为小公司，大家都是合作者，而大公司组成的企业网络很少见。

6.3 企业网络成员的利益分配

企业网络成员的定位目的在于获得更大比例的联盟值，不管选择什么样的网络角色，企业最终的目的就是在现有的条件下最大化自身的利益。那么，对于网络成员而言，它们关心的就是如何分配联盟的值，企业之间如何实现共赢。

本书将企业网络的形成和利益的分配分开进行研究，但在经济实际中，企业网络的形成和分配过程是同时进行的：对任何一个企业来讲，它与其他企业之间形成企业网络的关键在于它能否从形成的网络中获得帕累托最优的收益。如果能够获得则加入该网络，否则背离网络。从本质上来看，网络中企业之间利益的分配是网络当中的竞争，但是这种竞争是在合作基础上的竞争，是对合作收益的争夺，与前面关于企业网络合作性本质的论述并不矛盾。企业网络的合作本质是针对整个市场来说的，而网络中的竞争是针对网络来说的，涉及的范围不同，前面说明的是合作对产生收益的重要性，而后者说明的是网络成员对该收益的争夺。

6.3.1 公平的分配

在合作博弈理论中,关于联盟值的分配问题有一个核心概念:夏普利值。夏普利值是由加利福尼亚大学洛杉矶分校的教授洛依德·夏普利(Lloyd Shapley)于1953年提出的一个合作概念。夏普利值的实现需要满足三个公理:第一是对称公理,即联盟值的分配与博弈参与方之间的排列顺序无关;第二是有效公理,即所有博弈参与方的夏普利值之和等于联盟值;第三是加法公理,即如果两个博弈是独立的,则合并之后的夏普利值是合并之前夏普利值的和。[1]

$$u_i = \sum_{S \in N} \frac{(n-k)!\,(k-1)!}{n!}[v(S)-v(S_{-i})]$$

在夏普利值公式中,u_i 表示任意博弈参与方 i 的夏普利值;n 表示博弈参与方数量;$v(S)$ 表示联盟 S 的特征函数;$v(S_{-i})$ 表示博弈方 i 不参与联盟 S 时的特征函数;$\frac{(n-k)!\,(k-1)!}{n!}$ 表示博弈方 i 以随机方式参与到规模为 k 的联盟 S 的概率。[2]所以说夏普利值指的是在联盟博弈中,某个参与方在各种可能的参与组成的排列中与前面的参与方构成的联盟的期望贡献,这种按照边际贡献的大小来分配联盟值的方法与经济学当中的边际生产力分配原则是一样的,是一种公平的分配,能够调动联盟成员的合作积极性。所以说夏普利值是避免联盟内部对抗,实现协调合作的有效方法。

6.3.2 核心成员与非核心成员的夏普利值

"在企业网络当中,由于企业自身存在或大或小的差异,所以不同的企

---

[1] 谢识予. 经济博弈论 [M]. 3版. 上海:复旦大学出版社,2008:368.

[2] 首先,联盟规模的种类共有 n 种,所以一个特定规模的联盟出现的概率为 $\frac{1}{n}$;其次,在规模为 k 的联盟中,从除参与方 i 之外的 $(n-1)$ 个参与方中选择 $(k-1)$ 个参与方与参与方 i 的组合种类为 $\frac{(n-1)!}{(n-k)!\,(k-1)!}$,则每种选择的概率为 $\frac{(n-k)!\,(k-1)!}{(n-1)!}$。综合上面两个方面可知,博弈方 i 以随机方式参与到规模为 k 的联盟的概率为 $\frac{(n-k)!\,(k-1)!}{n!}$。

业在网络当中的地位是不同的。而衡量企业在网络中重要性程度的指标是网络集中度（degree centrality），即网络成员与其他节点之间发生直接联系的数量。"❶ 网络集中度明显高于其他成员的是核心网络成员，而明显低于其他成员的则是非核心网络成员。在高密度网络中，每个成员的集中度均为3；在低密度网络中，成员A的集中度为3，而其他成员的集中度为1，所以A为网络核心成员，如图6-2所示。

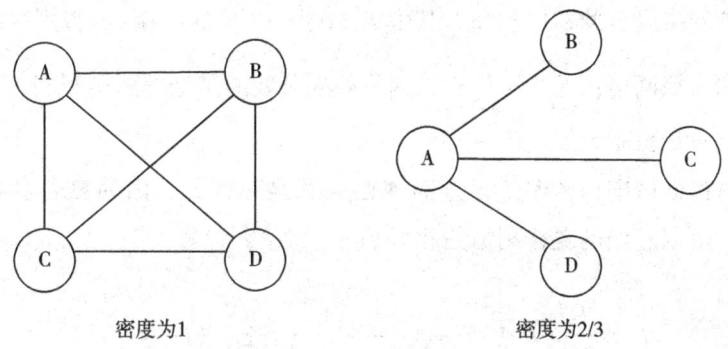

图6-2　企业网络拓扑结构

所谓网络密度指网络中实际拥有的"线"数与可能拥有最多的"线"数之比，表达式为 $\dfrac{l}{n(n-1)/2}$，其中 l 代表网络中实际存在的线数，n 代表网络成员的数量，取值范围为 [0, 1]。一般在完全高密度网络中，任意两个成员之间均存在直接联系，是一种对称的网络；而在低密度网络中，有的网络成员之间并不存在直接联系，是一种非对称网络。

在实际的网络联系中，网络密度一般都是小于1的，所以现实当中的网络多为非对称网络，只是非对称的程度不同。越是对称的网络，成员之间的相似程度越高，所以任何一个网络成员的加入或退出对整个网络都不会产生实质性的影响。相反，越是不对称的网络，成员之间的差异越明显，而核心成员的退出可能就会对整个网络的联盟值产生巨大影响，甚至导致网络的解体。所以，与对称网络相比，非对称网络中的核心成员在网络中

---

❶ 杨农. 战略合作经济学：网络时代的企业生存法则 [M]. 北京：中国财政经济出版社, 2004：319.

处于优势地位，并据此对非核心成员进行剥削获取较大的联盟值。比如：强大的合作伙伴可能会迫使弱小的伙伴调整其信息系统以适应自身的系统，并将投资负担强加到弱小的伙伴身上。

下面分析在网络规模动态变化的情况下，网络中核心成员与非核心成员夏普利值的不同变化。假定 E_n 是某一网络成员在展开谈判前的期望利润；Q_n 是该网络成员退出网络时的期望利润，即机会成本；D_n 表示开展谈判之后该网络成员的期望利润。其中 $E_n > Q_n, n = (1,2,\cdots,k)$，否则网络成员就不会加入该网络；$\sum_{n=1}^{k} D_n = \sum_{n=1}^{k} E_n$，因为谈判分配的是全部网络利润，总量没有增加，只是重新分配。

在对称网络中，各个博弈方的地位关系是对称的，因为夏普利值具有对称性，所以它们的夏普利值是相等的。

$$D_n = \frac{1}{k}[(k-1)E_n + Q_n] + \frac{1}{k(k-1)} \sum_{m=1, m \neq n}^{k} (E_m - Q_m)$$

$$D_n = \frac{1}{k}[kE_n - (E_n - Q_n) + \frac{1}{(k-1)} \sum_{m=1, m \neq n}^{k} (E_m - Q_m)]$$

$$D_n = E_n + \frac{\frac{\sum_{m=1, m \neq n}^{k}(E_m - Q_m)}{k-1} - (E_n - Q_n)}{k}$$

随着网络规模的不断扩大，$D_n \approx E_n$，这表示网络规模越大网络中成员之间的谈判力将趋于平等，成员之间将平均分配利润。在非对称网络中，假设节点 1 为核心网络成员，而其他的成员分别为 $n=(2,\cdots,k)$，则两种网络成员的夏普利值分别为：

核心成员的夏普利值：

$$D_1 = \frac{1}{k}[(k-1)E_1 + Q_1] + \frac{1}{2} \sum_{n=2}^{k} (E_n - Q_n)$$

非核心成员的夏普利值：

第6章 企业网络成员的定位：角色选择与进化博弈

$$D_n = \frac{1}{2}(E_n + Q_n) + \frac{1}{k(k-1)}(E_1 - Q_1)(n = 2, 3, \cdots, k)$$

在非对称网络中，随着网络规模的扩大，核心成员的夏普利值逐渐上升为 $D_1 \approx E_1 + \frac{1}{2}\sum_{n=2}^{k}(E_n - Q_n)$，因此 $D_1 > E_1$。而非核心成员的夏普利值逐渐下降为 $D_n \approx \frac{1}{2}(E_n + Q_n) < E_n (n=2,3,\cdots,k)$。这说明在非对称网络中，核心成员的谈判能力随着网络规模的扩大而增加，获得的收益将大于谈判前的期望收益，而非核心成员的谈判能力随着网络规模的扩大而降低，获得的收益将小于谈判之前的期望收益。相反，网络规模越小，非核心成员的谈判力越强，但是取决于 E_n 与 Q_n 值的大小比较。网络成员之间的相对谈判力随着网络规模的变化可能会导致网络成员对网络投资的激励不同：核心成员往往会过度投资，而非核心成员则会投资不足。所以企业网络发展与成熟的关键在于如何协调好核心成员与非核心成员之间的联系，平衡过度投资与投资不足之间的关系，因此，建立促进网络成员之间相互信任的制度安排是非常重要的。

小 结

本章主要分析的是企业网络成员在网络组织中的角色定位问题。由于在企业网络中存在一般成员、连接者和指挥者三种不同的角色，所以企业在加入某一类型的网络之后要面临的问题就是如何选择自己的网络角色。一般成员具有能够及时获得信息和避免机会主义的优势，同时面临由于类似成员众多而容易被替换的风险；连接者具有能够接触各种信息和对冲风险的优势，同时面临缺乏信任和频繁更换合作伙伴的不足；指挥者具有能够接触核心成员与信息的优势，同时面临着重大的责任和繁重的管理任务。

企业选择网络角色的标准在于哪种角色能够在网络组织中获得更大的经济利益，而单个企业的这种对自身经济利益的考虑通过企业之间的相互作用形成了具有不同网络内部特征的企业网络，比如：竞争者居多的企业网络和合作者居多的企业网络，这是微观的企业行为在宏观企业网络上的随机表现。企业网络的最终演化结果取决于企业所面临的诱惑 R 和惩罚 C。当 $R>C$ 时，表示企业面临的"诱惑"要大于所要受到的"惩罚"，即网络成员在与其他参与成员进行博弈时，倾向于当竞争型成员或者是领导者，而企业网络将全部由竞争者组成。当 $R<C$ 时，企业面临较大的成本，竞争行为的收益不足以弥补其所造成的损失，这种情况在实际的经济生活中也是比较常见的。企业网络成员在这种状态下必须考虑如何与其他成员在网络中共存。通过进化博弈分析我们发现，当 $R<C$ 时企业群体经过漫长的进化过程，最终将达到一个多态稳定均衡，即不同网络成员共同存在。此外，当 $R<C$ 时企业还将达到一种混合策略的单态均衡，即企业网络中只有一种类型：混合型成员，即以一定的概率 $\frac{R}{C}$ 是竞争型成员，以 $(1-\frac{R}{C})$ 的概率是合作型成员。这两种均衡是不同的：在前面的进化博弈中，单个企业采取的是纯策略，但通过群体的进化形成了一种多态均衡；在后面的进化博弈中，单个企业采取的是混合策略，且经过群体的进化形成了一种单态均衡。

在现实的经济生活中，不同行业中企业网络的收益值 R 是不同的，而且每个企业的 C 值也是不同的。在 R 值较大且大于 C 的行业中，企业网络成员对网络收益进行的是竞争性瓜分，也就是说企业定位于竞争型成员，乐于当领导者。相反，在 R 值较小且小于 C 的行业中，企业网络成员则呈现出一种混合状态：既有竞争型的成员，又有合作型的成员。在这种多态均衡中，如果 R 值相对来说较大，则均衡中竞争型成员较多，以大企业为主。相反，则以小企业为主。比如：在传统的钢铁行业中，通过企业网络的建立一般获得的收益较大，所以在该行业的企业网络中都是大的钢铁公司，大家都是领导者，而很少见到小钢铁公司组成企业网络；而在服务业当中，由于企业间进行联合的收益有限，所以在该行业中组成企业网络的多为小公司，大家都是合作者，而大公司组成的企业网络很少见。

第7章

企业网络的构建及其边界

前面两章对网络组织的类型和企业的网络位置进行了详细的分析,在企业确定构建网络类型和网络位置之后,下面需要做的就是如何建立一个具体的网络组织,它又受到哪些因素的影响,以及这些因素之间如何优化组合,这些问题都是本章要回答的。

7.1 企业网络构建的变量组合

7.1.1 企业网络设计三原则

戈麦斯·卡塞雷斯(Gomes Casseres)认为,影响企业网络的结构变量主要包含五个方面,企业的管理人员可以通过对这些变量的影响来组建具有不同特征的企业网络[1]:①连带强度:企业网络中成员之间关系的亲疏程度;②网络规模:企业网络成员数量的多少;③成员类型:企业网络成员之间的相似度高低;④治理方式:如何管理企业网络中的经济活动;⑤网络密度:各个企业网络成员之间关联的紧密程度。

在构建具体的企业网络之前必须对影响企业网络组建的五个变量之间

---

[1] ZEY M, GOMES-CASSERES B, USEEM M. The alliance revolution: the new shape of business rivalry [M]. Cambridge Mass: Harvard University Press, 1996: 31.

的关系进行详细的分析。企业网络设计应该遵守三个原则：战略吻合、内部吻合和动态吻合，只有这样才能够保证网络结构的有效性。

第一，网络结构必须与企业的战略目标相吻合。网络结构变量和企业战略目标之间存在着一定的逻辑联系，不同的目标表现为网络结构变量的不同特征。例如，"弱连带"、大规模、分散决策和低网络密度就会构造一个非正式网络，而这样的网络是不适合来实现企业的规模经济目标的。相反，"强连带"、小规模、集中决策和高网络密度则组成正式的兼并网络，这种网络对获得规模经济非常有效，但对消费者需求的快速变化不能及时响应，缺乏一定的灵活性。不同的网络类型具有相异的组织要求，而这些目标的实现有赖于结构变量的优化组合，这也是战略吻合的必然要求。❶ 网络结构五变量在不同网络中的组合情况及特征见表7-1。

表7-1 不同网络类型的网络结构特征

网络类型		横向网络	纵向网络	方案网络	标准化网络	研发网络	
						投资组合	共同管理
网络结构变量	连带强度	强	强	适中	一般较弱	弱	适中
	网络规模	小	适中	小	一般较大	大	适中
	成员类型	相似	混合	相异	一般较相似	相异	相似
	治理方式	契约；交叉持股；中心委员会	分散等级管理；领导者	分散等级管理；共识	民主管理；工作团队；交叉许可	非正式领导；契约；信誉；专业标准	分散等级管理；信誉；专业标准
	网络密度	高	中等	高	高	低	高

第二，网络结构变量之间必须相互吻合。由于网络结构变量包括五个因素，而且每个因素又有不同的选择，所以就会导致有关网络结构的选择特别多，对网络结构变量之间的优化组合也就比较困难。如果想要有效地平衡不同网络结构变量之间的关系，必须对变量之间如何相互依赖、相互

---

❶ APD M. The network economy: strategy, structure and management [M]. Cheltenham MA: Edward Elgar Publishing, 2004: 59.

抵消进行深入的分析。例如，随着网络规模的扩大，网络的灵活性及网络密度将逐渐降低，这两者之间是相互抵消的关系。而网络密度和连带强度则是相互依赖、相互支持的，所以为达到某一目标，选择高网络密度或者高连带强度其中一项即可，否则过高的密度或强度对网络的其他特征将产生不良影响。

第三，企业必须适应不断变化的内外环境，实现企业网络的动态吻合。企业所面临的环境千变万化，而企业网络的具体形式也在不断改变。所以，创建企业网络与保持网络的高效是完全不同的，这恰恰就是动态吻合的困难所在。由于在网络当中成员数目众多，故为应对变化的环境而重构网络不太现实，而对不同网络结构变量的调节则可以较好地满足环境变化的需要。如果随着环境的变化，效率逐步成为网络组织的主要目标，那么集中的管理方式也将居于主导地位，因为计划与控制对实现效率目标十分重要。如果企业网络需要更具创新性，那么企业网络当中的成员组成则变得更为复杂、多样，开放网络有利于吸收新的不同的合作伙伴，新思维、新观念也将进入网络。可见，实现网络的动态吻合主要是通过对网络结构变量的不断调整来实现的。

企业在构建网络的过程中是自由的，但也受到了种种困难的阻碍。企业不可能在所有方面都很突出，这就导致企业虽然可以绘制构建网络的完美蓝图，但在实际当中往往不能完美地实现。

7.1.2 企业网络结构变量

创造高效企业网络的前提是对每一个网络结构变量提供的选择、机会和限制进行详细了解，所以本部分主要对卡塞雷斯提出的每一个网络结构变量进行深入分析。

（1）连带强度

通过前面的论述可知，企业网络具有不同的类型：横向网络、纵向网络、方案网络、标准化网络和研发网络。在不同的网络中，成员之间的关系表现出不同的特点，有的网络成员之间相互紧密依赖，有的网络成员之间则只有松散的联系，也就是说它们之间的连带强度不同。格兰诺维特

（1973）认为，连带强度由以下四个因素决定：对合作伙伴的时间投入量；对网络关系的感情投资；相互信任度；互惠服务。企业网络中"强连带"与"弱连带"的选择问题并非简单的、直接的，两者都有各自的优势。"强连带"并不总是要优于"弱连带"，"强连带"在获取规模经济和扩大市场势力两个方面比较有效。而在多变的市场环境中，"弱连带"则更为灵活，更能为企业提供接触新技术和新信息的机会。对半导体行业和钢铁行业的对比分析说明了强弱连带在不同行业中的应用。在半导体行业中，由于技术更新速度较快，所以与其他企业保持长期的、密切的合作关系并非明智之举，企业更多是建立技术上的弱连带，与先进技术保持接驳，增强企业应对变化的反应速度。相反，在钢铁行业中，由于技术比较稳定，环境变化小，企业的主要目标是在既定技术条件下追求规模经济，所以建立长期而稳定的"强连带"是必要的。

不同企业网络的连带强度是不同的。在水平化企业网络中，成员之间的连带强度比较大，联系密切，这种组织形式有利于企业之间知识的共享，提高企业的稳定性，获取规模经济；在垂直企业网络中，企业之间由于供需关系而建立了"强连带"，确保了原料的稳定供应和知识的交流；在方案式企业网络中，成员之间主要是共同开发市场、共同生产的关系，建立的连带强度是中等的；在标准化网络中，企业之间的连带一般较弱，只是在通过技术的交叉许可而实现技术的标准化；在研发网络中，企业为保持与新技术的接驳和对新信息的优先获得而与众多的伙伴建立"弱连带"，例如，通过共同出资来进行技术研发，而对某一重大研发项目的共同管理则体现出了成员之间中等强度的连带。

综上所述，"强连带"与"弱连带"的选择与行业的波动性和企业的具体网络目标相关，企业对知识、信息交流与伙伴能力的不同要求导致选择不同强度的连带。

（2）网络规模

影响网络结构设计的第二个变量是网络规模，主要考虑的是网络组织中成员的数量。企业网络成员的数量受六个因素的影响：一是企业自身能力的高低。如果企业自身能力较强，具有较强的执行力，那么它就不需构建大规模的网络组织，小范围的企业联盟便能达到相应的组织目标。二是企业的联盟管理能力。企业拥有管理方法与工具的多少决定了其管理网络的范围大小。三是网络的运转。高效的网络组织运行能吸纳较多的企业参与。四是风险偏好与风险厌恶。企业为规避风险可能会增加同一功能的网络成员，以确保任务的完成，比如：在供应网络中，厂家可能会就某一原材料或零部件选择数家供应商；在研发网络中企业会就某一新技术而发展数家技术合作伙伴。对风险的规避无疑会扩大网络的规模。五是网络组织的目标。企业基于不同的目标建立网络组织，如果追求的是规模经济，那么就应该建立小规模的网络；相反，如果企业的目标是建立某项标准，那么组织相当数量的企业参加网络便是必要的，借此可扩大标准的市场影响力。六是成本外化与收益内化的权衡。成本最小化与收益最大化往往是不可兼得的，如果网络组织的目标仅仅在于成本的分担，那么网络越大越好，但同时企业的收益也被分享，这就激励企业缩小网络规模。所以企业必须在这两者之间进行均衡分析，选择最优网络规模。

一般来讲，横向网络的目标在于通过企业之间的高度融合来提高经济效率，获得规模经济，所以成员数量有限；纵向网络和方案网络中成员之间主要是供需关系，针对性较强，要求网络规模较小；研发网络的大小取决于当时技术数量的多少以及企业采取的技术策略，比如：在高科技行业，大量新技术的集中涌现必然导致网络规模的扩大，而在传统的技术较成熟的行业则相反；在标准化网络中，网络规模的大小取决于企业对标准的收益比较，如果企业可以从标准的授权中获得较大的收益，则企业倾向于组建小规模网络，但前提是企业具有足够的市场势力确保技术标准的确立；相反，如果企业市场势力有限，而且企业能从出售标准技术的相关产品与服务中取得较大利润，则企业就会建立较大的网络联盟来推进标准的建立。

（3）成员类型

网络成员类型是影响网络规模的又一变量，主要指的是成员企业之间的相似性和相异性，即生产的是竞争性产品还是互补性产品。相异性企业提供的产品多为互补性产品，目的在于提高产品的竞争力及市场占有率，比如：不同航空公司之间的网络联盟，虽然航空公司在许多方面并无差异，但是航线的不同这一关键因素可促使不同公司之间建立网络联盟,进而提供更具吸引力、更为完善的服务,所以世界上大多数航空联盟都积极吸纳不同地区、不同洲际的合作伙伴,目的在于提供全球化的航空服务。此外,网络成员之间的相异性可以促进技术的不断创新,这也是在技术联盟中企业的差异性较大的原因。

如果企业的目标在于通过获取规模经济或集中采购而实现成本的节省,那么企业将会选择相似的合作伙伴,并且相似性必须达到成员经济活动之间能够相互融合的程度,但这种相似性也导致了网络中的内部竞争。有限的内部竞争可以提高网络的运作效率,激励成员不断进步,而过度的竞争则会给所有成员造成损失,所以平衡网络中的合作与竞争,实现最优的内部竞争是非常重要的。表7-2对内部竞争的优劣势进行了简单对比。❶

表 7-2 内部竞争优劣势比较分析

一个能力一个伙伴（无内部竞争）	一个能力多个伙伴（有内部竞争）
优势	优势
高可信度	保证供应
长期合作关系	灵活性
规模经济	进步激励
成本节约	提高技术多样化
劣势	劣势
依赖性	低可信度
缺乏灵活性	高管理成本
缺乏激励	固定投资不足
	利益冲突
	知识溢出效应

在横向网络中,企业倾向于选择相似的合作伙伴,因为它们合作的目标在于规模经济与成本节约;在纵向网络中,企业往往根据具体情况选择相似的或者相异的合作伙伴,例如,如果企业联合生产产品的固定资本投资较低或能防止知识的溢出效应,那么企业会选择相似的合作对象,相反,

---

❶ PIETER A. The network economy: strategy, structure and management [M]. Cheltenham MA: Edward Elgar Publishing, 2007: 59.

如果企业组成的是价值链上的不同生产环节，则企业就会选择相异的合作伙伴，比如：汽车制造商从某供应商处获得车门，而该供应商又从其他供应商处获得车门的组成部分——车窗；在方案网络中，相异的成员可以为方案的不同部分作出不同贡献；在研发网络中，如果企业的目的在于分担成本与风险，则选择相似的成员进行联合，而企业的目标若是保证与某一独特新技术的接驳，则会选择相异的合作伙伴；在标准化网络中，一般情况下，选择相似的成员，目的在于扩大市场势力，促进标准的建立。由此可见，网络成员类型的选择并非一个简单的问题，需要考虑许多方面的因素：内部竞争、技术需求和市场势力等，并在这些因素中根据企业自身条件进行取舍，在最优的水平上进行选择。

（4）治理方式

在影响网络结构的五个变量当中，治理方式是最为复杂的。治理方式指的是网络组织内部的协调，即网络组织计划、控制与决策的方式。保罗·劳伦斯（Paul Lawrence，1967）认为，企业网络中成员之间的经济活动既包括分化，又包括融合，这两者的平衡是整个组织的核心所在，而且伴随组织形式的发展出现了不同的机制。由于网络组织中的匿名成员和市场经济环境的多变性，导致相关契约的不完全性，不能完全涵盖当下和将来的全部经济活动，也就产生了网络组织中的计划缺失和控制缺失，如图7-1所示。❶

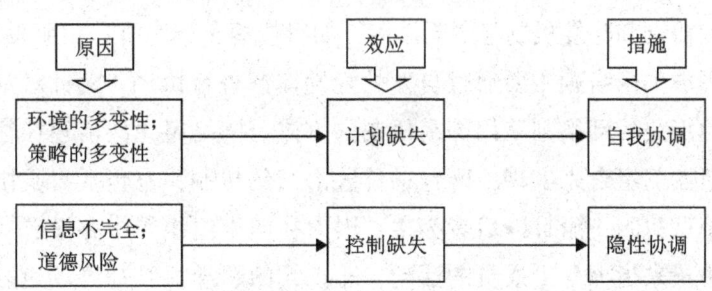

图7-1　网络组织中的计划缺失与控制缺失

---

❶ PIETER A. The network economy：strategy, structure and management［M］. Cheltenham MA：Edward Elgar Publishing，2007：72.

网络组织面临着多变的市场环境和成员易变的商业策略，计划协调方式在这种情况下的作用十分有限。网络组织为应对不断变化的环境，不可能通过等级组织中的强制性协调来实现，它依靠自我协调，即成员自己来决定如何应付变化，而不是长期计划或等级式决策。等级组织虽然对外界的反应太过迟钝，但这并不是说网络组织中不存在等级结构或公司内部不存在自我协调机制，只是相对来说，网络组织比单个的企业更依赖于自我协调。网络组织所面临的第二个问题是网络成员信息的不完全性与道德风险。在企业内部，不同部门之间的信息交流比较密切，企业管理者能够对错误行为进行及时的发现与纠正。相反，在网络组织中，成员企业之间的利益出发点不同，而组成网络只是企业生存或获取利润的一种工具，所以成员之间可能会互相隐瞒关键信息，只想获得信息却不提供信息，成员的行为难以控制，存在控制缺失。在这种情况下，显性的协调机制（如契约）并不能起到约束作用，而隐性的协调机制，如规范、信任与声誉却发挥着重要的协调控制作用。

治理方式在不同企业网络中存在差异。在横向网络中，企业之间的融合度较高，而且成员数量较少，所以一般采取强制的显性的协调机制，如契约、交叉持股等；在纵向网络中，领导企业承担着大部分的管理任务和责任，成员位于不同的等级上；在方案网络中，成员之间也存在相应的等级差别，但与纵向网络相比更为民主，更注重团队的合作；在标准化网络中，自发协调和隐性机制起主要作用，如行业规范、声誉；在研发网络中，对投资形成的网络则主要通过自发的隐性体制进行协调，而针对某一重要技术项目形成的网络则采用等级机制的方式。网络组织的治理往往通过多种协调机制的组合来实现，既包括传统的契约机制，也包括自我协调机制和隐性协调机制，而且以后者为主，因为在网络组织当中并没有一个正式的权威力量来指挥各个成员的活动，非正式的领导关系却可以通过行业规范、声誉等非正式约束来协调网络组织。

（5）网络密度

网络密度描述了网络成员之间关联的紧密程度。完备的网络密度指的是一个网络组织的所有企业之间均相互邻接：每个企业都与其他企业直接关联。这种完备的网络组织只在理论中存在，现实当中很难实现。

如果把网络中的企业看作"点"，企业之间的联系看作"线"，那么网络密度定义为网络中实际拥有的"线"数与可能拥有的最多"线"数之比，表达式为 $\frac{l}{n(n-1)/2}$，其中，l 代表网络中实际存在的线数，n 代表网络成员的数量，网络密度的取值范围为 [0，1]。矩形的四个顶点代表网络组织中的四个企业，顶点之间的连线代表企业之间的联系。如图7-2所示，第一个网络组织示意图中共有六条线，而该示意图组织最多能有六条线，所以其网络密度为1；第二个网络组织示意图中共四条线，其网络密度为2/3。

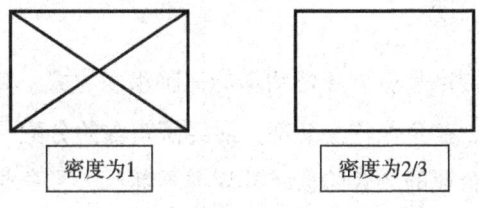

图7-2 网络密度比较

由于在网络组织中，每个企业的经济资源、时间资源等都是有限的，所以其所能维持的关系数量也是有限的，企业不可能与网络中的任何成员都建立联系，也就是说网络密度不可能为1。在一般情况下，大规模网络组织的网络密度较小，而小规模网络组织的网络密度较大，这是由企业的资源和精力的有限性决定的，所以企业在构建网络组织并建立网络联系时，必须把合理的资源分配到特定的网络关系中去，当回报减少并且代价太大时，企业就会决定停止建立新的关系，不再进行相关的投入。这样看来，企业保持的网络关系将随着网络规模的扩大而不断减少。

在不同的网络类型当中，横向网络的目标在于成本节约与市场势力扩大，所以成员之间的合作比较密切，联系较多，网络密度较大；在纵向网络中，成员位于产品价值链的不同环节，一般相邻环节均有联系，但间接环节联系较少，所以其网络密度属中等；在标准化网络中，企业以交叉许可的方式来推广标准，扩大市场影响力，所以所有成员之间均保持联系，网络密度较大；在研发网络中，对技术进行共同出资形成的网络组织的密度较小，相反，企业对某项技术进行共同管理而形成的网络组织的密度较大。

综上所述，每一个网络组织都是特别的，必须在多成员与少成员、"强连带"与"弱连带"、相似伙伴与相异伙伴、高密度与低密度、共同决策与单独决策之间找到平衡。在理论上并不存在最优的途径来构建网络，只能根据具体的经济环境与战略目标来选择最合适的网络组织，实现网络结构的战略吻合、内部吻合和动态吻合。

7.2 企业网络的边界与群动性

7.2.1 企业网络边界

市场、企业和网络是协调经济活动的三种组织方式，其中，网络形式位于市场与企业之间。在企业建立初期，对经济资源的分配一般通过企业内部的命令来进行；在企业的成长阶段，其规模不断壮大，企业利用资源的方式发生了变化，其开始搜寻非经济形式的支持，如政府的补助、朋友的帮忙，或者与其他企业建立密切的网络联系；当企业变得更大时，企业发现自己生产所有产品变得不再经济，所以就通过市场采购一部分产品来满足需求，市场也就出现了。市场、企业与网络之间的逻辑关系如图7-3所示。[1]

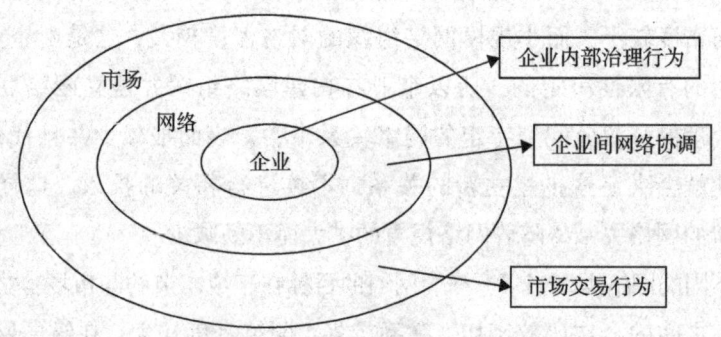

图7-3 市场、企业和网络关系图

根据主流经济学理论，市场和企业均是存在边界的。市场的边界取决

---

[1] 张文松，郭广珍. 企业网络与企业边界理论 [J]. 中国工业经济，2005，23（12）：78-84.

于交易费用,而且市场边界导致了企业组织形式的出现。同样,企业也存在边界,但取决于管理费用,科斯对企业的本质最先做出了解释。网络作为一种全新的组织形式,介于市场与企业之间,威廉姆森称其为"混合模式"❶。它的出现打破了组织形式的两分法,但网络也是具有边界的,它不能无限地扩张。在第2章我们对人类行为之间的相互性进行了深入的分析,而企业网络从本质上来看也是相互作用的一种表现,只是相互作用的对象是企业。不管是人还是企业,由于其自身能力的限制,"元体"之间的相互作用在某种程度上存在一定的局域性。尤其是当"元体"进行选择时,最大的影响可能来自与类似资产打交道的其他人,而市场所在的地理位置和空间距离往往是次要的。企业网络作为企业(元体)之间相互作用的具体体现同样存在局域性,即企业网络是有边界的。影响企业网络边界的因素包括企业能力、资产专用性、不确定性和联盟值。

(1)企业能力与企业网络边界

理查德森(1972)认为,产业是由大量的经济活动构成的,包括发现和估计未来需求的活动,与研究、开发和设计有关的活动,与商品销售的实施和协调有关的活动。❷ 这些活动的进行需要有合适能力的组织,合适的能力包括合适的知识、合适的经验和合适的技能。理查德森从企业能力的角度对活动进行了分类,把需要相同能力的活动称为类似活动,而这类活动需要有专门的组织。与此同时,他还提出了互补活动的概念,他认为当活动代表着一个生产过程的不同阶段并需要以某种方式协调时,就可以认为它们是互补的。互补性活动涵盖的范围非常广泛,如汽车和汽车零部件制造之间的关系,以及这两种经济活动背后的研发和营销活动之间的关系。

理查德森(1972)认为,互补性活动必须在数量和性质上进行协调,而协调的方式主要有三种:指令、合作和市场交易。因为互补性活动的特点不同,所以要根据活动的具体情况来选择协调方式。当互补性活动中的

---

❶ WILLIAMSON O. Comparative economics organization: the analysis of discrete structural alternative [J]. Administrative science quarterly, 1991, 36 (6): 269-296.

❷ RICHARDSON G B. The organization of industry [J]. Economic journal, 1972, 82 (9): 21-29

产品或投入品是通用型的标准化产品或投入品时,企业就没有必要在事前进行计划或者协调,依赖市场的运作就完全可以协调这种活动。解决办法是通过总量具有的稳定性作出的(根据大数定理)。相反,如果我们协调的不是通用型投入品的总产量与需要它的产品的总产量,而是协调高度互补的特殊活动,从威廉姆森的视角来看,就是资产专用性较高的经济活动。在这种情况下就必须通过合并有所需能力的组织或通过合作来促进协调:若经济活动高度互补而且相似,则企业采取兼并策略;若活动高度互补但不相似,则可以通过企业网络之间的合作来实现协调。经济活动和协调方式的匹配情况见表7-3。

表7-3 经济活动与协调方式匹配表

根据企业能力划分	根据生产阶段划分	
	通用品互补性活动	高度互补性活动
相似性活动	市场	企业(科层组织)
非相似性活动	市场	企业网络

此外,理查德森(1972)对企业间合作的具体形式也做了简单的介绍:基于贸易的合作、基于制造和营销的合作以及基于技术共享和技术转让的合作。理查德森认为,"企业并不是经济海洋当中孤立的岛屿,而是以合作或隶属的形式相互联系在一起。有计划的协调并没有在各个企业的边界停滞不前,而是通过企业间合作进行的"。[1] 对企业和市场即指导性协调和自发性协调的明确区分只会导致误导,这种区分忽视了经济活动协调方式的动态性、多样性、连续性。

(2)资产专用性与企业网络边界

作为新制度经济学的代表人物,威廉姆森的主要贡献在于进一步完善了交易费用理论,特别是他从资产专用性的角度对交易进行了全新的解读。交易是新制度经济学最基本的分析单位,而资产专用性则是交易费用经济

---

[1] 普特曼,克罗茨纳. 企业的经济性质[M]. 孙经纬,译. 上海:上海财经大学出版社,2009:114.

第7章 企业网络的构建及其边界

学中的核心概念。"资产专用性是指一种资产被其他使用者用于别的可供选择的用途而不会牺牲其生产性价值的程度。"❶ 双方的相互依赖性随着资产专用性程度的提高而逐渐增强,威廉姆森正是根据交易活动资产专用性程度的不同对经济活动的协调组织方式提出了自己的观点。

当资产专用性为0时,交易者面对外界不确定性因素的干扰能够自发地进行适应性调整。对于此类交易来说,科层式的组织方式并没有多少优势。因为企业科层式的组织方式产生了额外的管理成本,却没有产生任何收益,从成本收益的角度来看,这样的交易不宜通过企业来协调。但是如果资产专用性变强,交易双方可能会不断提出适应性调整。道德风险及机会主义行为阻碍了双方的适应性调整,因为虽然调整需要交易双方一致同意,但是从"经济人"假设出发他们都想获得更多通过适应性调整而获得的收益。利益诉求的不一致必然会导致交易成本上升,再加上市场的激励作用,就会产生不好的协调结果。

威廉姆森(1975)指出,网络作为一种协调经济活动的组织方式,在激励和管理成本等方面都介于市场和科层式模式之间。与市场模式相比,网络模式牺牲了激励而获得了更好的协调;与科层式模式相比,网络放弃了控制权利而拥有更高的激励。简单地说,当资产专用性程度较低时,用市场模式来进行协调比较有效;当资产专用性中等时,用网络模式来协调就更好;当资产专用性程度较高时,科层组织就可能变成一种高效的协调方式。

通过对威廉姆森企业边界理论的分析,可以发现他是从交易的角度利用资产专用的不同来展开的,他忽视了一个重要的问题:如果交易的资产专用程度很高,但企业不具有相关的生产能力,那企业应该如何应对这种状况?按照威廉姆森的观点,企业应该放弃该交易,但现实情况则是通过企业间网络的合作协调来实现能力互补,资源共享,完成交易。所以,综合理查德森和威廉姆森两人的分析,得到这样的结论:威廉姆森从交易角度通过资产专用性界定企业边界,但这种边界只能区分出市场这种模式,

---

❶ 杨瑞龙. 企业理论:现代观点 [M]. 北京:中国人民大学出版社,2005:188.

而无法区分网络和企业这两种模式的边界；理查德森正好从生产的角度入手，通过对企业能力的分析，提出了类似活动和互补活动及与其相匹配的协调方式；理查德森从企业能力角度分析的组织边界理论，区分了网络式和科层式两种协调模式的边界。

（3）不确定性与企业网络边界

企业网络的边界实质上考察的是市场、企业与网络三种经济活动协调方式的关系，即在什么样的条件下分别适用三种模式。企业的边界问题就是研究哪些活动在企业内进行，哪些可以通过供应商来完成，而决策的标准就是哪种方式能够更好地降低不确定性。首先，企业内部的不确定性主要来自技术研发过程中不可预测的因素，从产品的研发到产品的投入市场，每个环节都包含不确定性。当企业内部进行技术研发的不确定性很高时，特别是一些先进技术的研究，就应该通过外部采购或合作研发来降低风险，由此企业的边界缩小而企业网络的边界扩大。其次，市场当中的不确定性主要由经济活动参与者的机会主义行为导致，所以当市场当中的不确定性较高时，企业一般就会扩大企业规模，通过科层式模式来管理经济活动。

我们假定企业的不确定性用 ΔU 来表示，用 U_1 表示来自企业内部的不确定性，用 U_2 表示来自市场的不确定性，则三者之间的关系为 $\Delta U=U_1-U_2$。因为随着技术的进步，U_1 是递增的而 U_2 是递减的，所以企业面临的不确定性是随着技术的进步递增的。当企业所面临的不确定性小于零时，企业内部的不确定性小于市场的不确定性，即 $U_1<U_2$，此时，企业选择科层管理模式最为有利；当企业内部面临的不确定性大于市场交易的不确定性时，企业一般就会缩小企业规模，而建立企业之间的网络联系，即存在外部化的趋势。

下面用坐标系表示技术进步与企业边界的关系，其中，横坐标表示技术水平；纵坐标表示组织收益；ΔU 表示企业面临的不确定性；两条曲线分别表示技术研发的不确定性和市场交易的不确定性。[1] 当 $\Delta U<0$ 时，即市场

---

[1] 侯广辉. 不确定性条件下的企业边界战略 [J]. 云南社会科学，2009，39（1）：94-98.

交易的不确定性要大于技术研发的不确定性，企业主要采取科层式模式对经济活动进行协调，且组织收益与不确定性程度呈正相关关系，在 P 点达到最大；当 $\Delta U>0$ 时，即技术研发的不确定性大于市场交易的不确定性，企业主要采取外部化的方式来协调经济活动，如构建企业网络，且组织收益与不确定性程度呈正相关关系，在 Q 点达到最大，如图7-4所示。

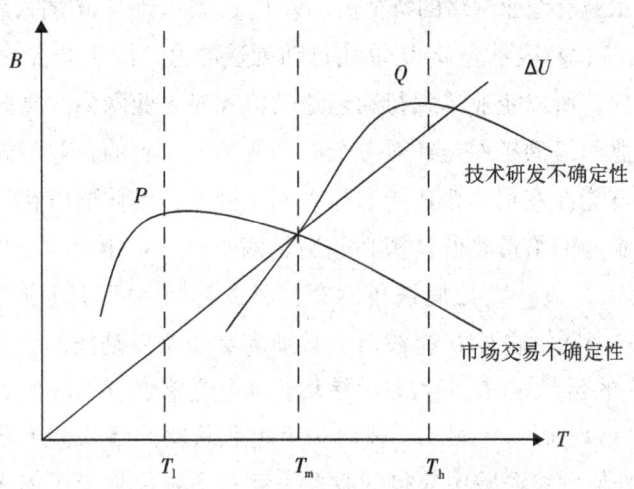

图7-4　技术进步与企业边界演变

通过对图7-4的分析，我们发现，企业面临的不确定性主要来自技术研发和市场交易两个方面。在行业发展的初期由于市场处于形成阶段，面对的市场交易不确定性程度较高，企业一般采用科层式进行管理，而组织收益的获得也主要来自市场交易的不确定性；相反，当行业进入成熟阶段，由于市场趋于完善，所以企业所面临的不确定性主要来自技术研发，企业一般采取外部化的管理方式，如企业网络，而组织收益的获得也多来自技术研发导致的不确定性。简言之，当行业处于起步阶段时，企业多采用科层式进行管理；当企业处于成熟阶段时，企业的收益主要源于技术创新，所以主要采取网络化的协调方式。

（4）联盟值与企业网络边界

企业网络的形成一般是一个渐进的过程，可以分为两个阶段：第一个阶段是初始网络的形成阶段，在该阶段，多个企业之间通过谈判初步建立一个网络联盟；第二个阶段是企业网络的发展阶段，新的企业想加入网络，网络的规模不断扩大，直至最终的网络联盟形成，这是一个动态过程。下面重点分析第二个阶段。

在企业网络的发展壮大阶段，新的企业加入网络当中的条件是：该企业为企业网络创造的联盟值[1]要大于其单独行动的值。即 $V(U_{+M})-V(U)>V(M)$，其中，$V(U)$ 表示原有企业网络的特征值；$V(U_{+M})$ 表示企业 M 加入后新企业网络的特征值；$V(M)$ 表示企业 M 单独行动创造的值。由于企业之间具有各种各样的差异，所以企业单独行动创造的值和对企业网络的贡献值是不同的，因此企业网络的扩展是针对单个的企业的，在有的企业不能加入某一网络的同时可能会有别的企业能够加入同一网络，具体要看特征值之间的关系。但是企业网络最终的均衡必须满足两个条件：第一，如果是 n 个企业 M_1，M_2，M_3，…，M_n 之间进行博弈，那么它们之间将组成多个网络联盟，而任何一个网络联盟 U 能够形成必须满足的条件是任何一个参与企业 M_i 对联盟 U 的贡献 $V(U)-V(U_{-i})$[2]大于该企业单独行动的值 $V(M_i)$，即 $V(U)-V(U_{-i})>V(M_i)$；[3] 第二，任何一个企业从此网络联盟中获得的收益大于从其他任何网络联盟中获得的收益。第一个条件规定了加入企业网络的可能性；第二个条件规定了所加入企业网络的唯一性。

7.2.2　企业网络的群动性

（1）企业网络的群动效应

"网络效应是具有网络存在形态的组织的核心特征之一，网络效应产生的根本原因在于网络自身的系统性和网络内部组成部分之间的互补性。"[4] 企业网络作为一种典型的网络形态，它的存在与演变也遵循网络效应。首先，从网络自身的系统性来说，无论企业网络最终扩大到什么规模，包含多少企业，每个企业始终只是网络当中的一个"节点"，而"节点"与网络

---

[1] 由于该企业的加入而导致联盟值的增加额。
[2] 其中，U_{-i} 表示联盟 U 中除去 M_i 后剩余成员组成的联盟。
[3] 潘天群. 合作之道：博弈中的共赢方法论 [M]. 北京：北京大学出版社, 2010：192.
[4] 张铭洪. 网络经济学教程 [M]. 北京：高等教育出版社, 2018：40.

结成一体，因此整个企业网络都会因为新的企业的加入而获益❶。其次，企业网络当中的任何两个节点之间均存在互补关系，即使某一个或几个企业退出网络也不会影响其他企业之间的正常关系，这就保证了网络效应的普遍性。从企业网络的网络效应来看，企业加入企业网络会产生一种正的网络外部性，也就是说它的加入使网络的联盟值增加，带来了更多的网络收益。而企业网络的关键在于如何分配这些收益，关于这一问题本书在第6章已经进行了详细的分析：公平的分配——夏普利值。此外，网络效应带给企业网络的还有网络成员之间的互补性，即企业之间可以相互替代且不受影响，但是这种互补性是以企业之间的同质性为前提条件的。同质性要求网络内部的不同企业在规模大小、组织构成等方面完全相同，而现实却并非如假设那么简单。在现实的经济活动中，企业之间千差万别：垄断的大型企业与竞争的小型企业并存；著名的企业与一般企业并存，而企业之间的这些差别导致了不同企业对企业网络的影响是不同的，是不可替代的，即企业网络中企业之间表现出来的并非互补性，而是一种互动导致的"群动效应"。

"所谓'群动效应'，指的是网络成员中出现互相仿效的趋势。"❷ 简单地说就是由于网络成员的特殊地位，它的行为不仅改变了自己的网络位置，甚至会影响周边成员的行为，这是对现实经济生活比较真实的反映。"群动效应"导致的是企业网络的动态变化，即企业网络虽然已经形成，但是由于关键成员的退出可能会导致整个网络的瘫痪。关于网络的动态变化在网络经济学中有一个术语非常关键，就是"正反馈"，所谓正反馈就是强者愈强弱者愈弱的马太效应。"群动效应"是正反馈发挥作用的基础：只有当"群动效应"达到一定程度时，即突破所谓的"临界容量"之后，企业网络才会在正反馈的作用下不断发生变化。

通过上面的分析，我们发现企业网络的发展变化不仅与当前网络规模有关，还要受到"群动效应"和正反馈的影响。"群动效应"推动网络达到

---

❶ 当然，此处新企业的加入也必须符合联盟值之间的各种关系。
❷ 鲍尔. 预知社会：群体行为的内在法则 [M]. 暴永宁，译. 北京：当代中国出版社，2010：172.

"临界容量",而"临界容量"是正反馈作用的起点。所以在企业网络的构建过程中,不仅需要考虑构成企业网络的各种结构变量,还需分析如何使企业网络产生"群动效应",达到"临界容量",实现网络扩大的正反馈。

（2）企业网络的门槛模型

在网络的动态变化中,与正反馈密切相关的是"临界容量","所谓'临界容量'是指维持均衡的最小网络规模"。❶也就是正反馈发生作用的最小网络规模,因此,企业网络的规模并不是连续扩大的,而是非连续的变化。换言之,就是要么看不到某种企业网络的存在,要么就看到已经具有相当规模的企业网络在市场中出现。这就是企业网络建构及其作用发挥的"门槛"。

在企业网络的构建过程中,网络成员一般都会面临两个相反的选择：一是加入企业网络；二是不加入网络。企业决定采取某种行为的成本与收益取决于有多少企业采取了相同的决策,一个企业参与企业网络的成本会随着网络规模的扩大而逐渐降低。由于企业自身的属性特征不同,所以企业加入网络付出的成本和将要获得的收益不同,即每个企业加入网络的具体"门槛"不同。但事实上在企业网络的构建过程中并不需要考虑每个具体企业的"门槛"是多少,而是从总体上来考虑做出相同选择的企业数量的多少及其对整个网络形成与成长的影响。企业网络的门槛模型就是从开始的门槛分配均衡出发去预测最终有多少企业选择加入网络。

假设 x 为门槛,则 $f(x)$ 为门槛的概率分配,而 $F(x)$ 为累积分布函数,表示门槛小于 x 的企业比率。假定在时间 t 参与网络的企业比率为 $r(t)$。例如,在第二阶段参与网络的企业比率为 50%,那么在第三阶段会有多少企业参与到网络中呢？答案是门槛小于或等于 50% 的所有企业。用数学公式来表示,即 $r(t+1) = F[r(t)]$。假设当企业加入网络之后在短期内不能再退出,即进进出出的行为是不被允许的,则当 $r(t+1) = r(t)$ 时,企业网络达到均衡状态,也就是加入网络的企业比率不再发生变化。如图 7-5 所示,横

---

❶ 张铭洪. 网络经济学教程 [M]. 北京：高等教育出版社, 2018：79.

轴表示门槛，纵轴表示累积分布函数。[1]

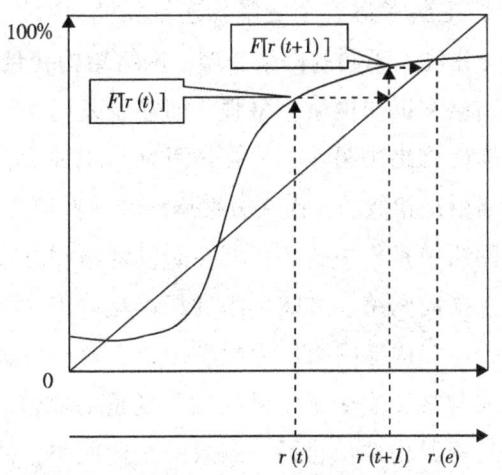

图 7-5　企业网络门槛均衡点图解

根据前面的假设，$r(t)$ 已知，表示当期加入网络的企业比率。因为 $r(t+1)=F[r(t)]$，表示在下期加入网络的比率取决于当期加入该网络的企业比率，其值等于当期的累积分布函数，即由 $r(t)$ 得到 $F[r(t)]$，而 $r(t+1)=F[r(t)]$，因此得出 $r(t+1)$，再由 $r(t+2)=F[r(t+1)]$，因此得到 $r(t+2)$，再由 $r(t+2)$ 计算出 $F[r(t+2)]$，依此类推，最终在时间点 e 达到均衡，参加网络的企业比率为 $F[r(e)]$。由于这种均衡的前提是企业一旦加入网络就不能退出，但在实际经济活动中企业经常加入或退出某个网络，所以该均衡并不是最终的稳定状态。当企业受到外部因素的作用时，往往会改变经济决策，而企业网络的均衡点也就会发生移动。

小　结

本章主要对企业网络的构建及其边界进行了详细的分析，而这是以企业网络的选择和企业网络成员的定位为前提的，因为只有企业在选择了合

---

[1] 格兰诺维特. 镶嵌：社会网与经济行动 [M]. 罗家德，译. 北京：社会科学文献出版社，2007：45.

适的网络类型和网络角色之后，才会涉及企业网络的构建。在构建具体的企业网络过程中，主要考虑五个变量：连带强度、网络规模、成员类型、治理方式以及网络密度。不同的网络类型，网络结构变量的大小也就不同：连带强度在横向网络和纵向网络中最强，而在研发网络和标准化网络中最弱；网络规模在横向网络中最小，而在研发网络中最大；成员类型在横向网络、标准化网络中是相似的，而在方案网络和一些研发网络中是相异的；治理方式在横向网络中是集中式的，而在研发网络和方案网络中则是分散式的；网络密度在横向网络、方案网络和标准化网络中较高，而在一些研发网络中较低。企业在构建网络过程中必须结合自己所选择的网络类型来进行，根据不同的网络类型来确定网络结构变量的取值。只有如此，企业才可以利用有限的资源构建出合适、高效的企业网络，并达到自己构建企业网络的经济目标。

此外，企业网络的构建还涉及企业网络边界的确定，本章的第二部分对企业网络边界进行了简单的分析：一是企业能力与企业网络边界；二是资产专用性与企业网络边界；三是不确定性与企业网络边界；四是联盟值与企业网络边界。企业网络的构建是一个系统工程，不仅需要考虑网络组织构建的五个变量，同时企业能力的大小、资产专用性程度的高低、不确定性程度的大小以及联盟值的分配也会影响企业网络的构建。

第8章 企业网络的竞争优势及发展

8.1 企业网络的竞争优势

8.1.1 分工与竞争优势

(1) 传统分工理论

分工,即工序或工作的划分,不同部分由不同的人来完成。古希腊哲学家柏拉图在《理想国》中把人分成哲学家、战士和平民,其中,哲学家的职能是管理整个国家,从事的是脑力劳动;战士的主要任务在于保卫国家;平民则主要从事以农业生产为主的体力劳动。柏拉图从人的天性出发对分工的必要性进行了详细的阐述。威廉·配第(William Petty,2014)在《政治算术》中比较了造船业和纺织业中的劳动分工,得出劳动分工影响劳动效率的结论。分工理论在斯密的《国富论》中得到了完美的表述。《国富论》开篇第一句是这样说的:"劳动生产力上的最大增进,以及运用劳动时所表现出来的更大的熟练、技巧和判断力,似乎都是劳动分工的结果。"[1] 斯密认为劳动分工从三个方面提高了劳动效率:劳动分工有利于重复工作,进而提高效率;劳动分工避免岗位转换,节省了劳动时间;劳动分工有利

---

[1] 斯密. 国富论[M]. 郭大力, 王亚南, 译. 北京: 商务印书馆, 2015: 11.

于机器的发明创造。斯密的分工理论与市场密不可分,分工与效率的同时实现有赖于一定范围内市场的存在,没有市场也就无所谓分工,那只能是自给自足的自然经济。"分工按照不同的标准可以分为不同的种类:按照分工的细致程度可以分为产业分工、产品分工、零部件分工等;按照分工主体之间的关系可以分为纵向分工、横向分工和网络化分工。"❶ 本书的分析以第二种分类为主。

纵向分工。"纵向分工是指按照零部件或工序先后顺序将生产过程分解为不同阶段的经济行为。"❷ 纵向分工是一种传统的分工形式,是垂直形式的,这在斯密的《国富论》中也有所体现,比如:制针工厂中不同工序之间的分工与合作。"纵向分工一般是从最终产品出发进行'逆向'分工,把生产产品的整个过程划分为 n 个阶段,而每个阶段均是分工系统的一部分。"❸ 位于下游的生产阶段对位于上游的生产阶段存在单向的制约作用,即上游生产的产品必须符合下游企业的需要。纵向分工的组织形式不仅存在于企业内部,表现为不同部门负责不同的生产环节,而且在企业之间也有所体现:不同企业按照产品的生产流程,分别负责某一环节的生产,通过相互之间的合作来完成产品的生产。

横向分工。"横向分工指的是不同行业或区域的企业之间进行的分工合作。"❹ 与纵向分工相比,横向分工中企业之间不存在逻辑上的前后关系,而是一种互补或竞争的关系,因为企业之间进行交换的是产品而不是产品的零部件或某道工序。若企业之间交换的产品通过组合而形成最终产品,则它们之间便是互补关系;若企业之间交换的产品在构成最终产品时是可以相互替代的,则它们之间是竞争关系。但不管横向分工中企业之间的关系是互补的还是竞争的,企业之间的相互作用都是通过市场来发生的。

网络分工。分工理论中的纵向分工和横向分工是企业之间进行合作的传统方式,而随着经济体系的不断复杂化,企业之间的经济关系越来越错

---

❶ 张仁德,王昭凤. 企业理论 [M]. 北京:高等教育出版社,2003:13.
❷ 余东华. 模块化企业价值网络 [M]. 上海:上海人民出版社,2008:53.
❸ 陈继祥. 产业集群与复杂性 [M]. 上海:上海财经大学出版社,2005:222.
❹ 余东华. 模块化企业价值网络 [M]. 上海:上海人民出版社,2008:58.

综复杂，因此，它们之间的合作分工形式也有很大的变化。网络分工便是顺应经济发展的要求而产生的，它是对传统方式的扩展和延伸，是经济体系的结构化表现。与传统的分工相比，网络分工是一种更为细致的分工，由于网络中企业数目众多，所以网络分工是按照企业的核心优势能力来开展的，发挥了企业的比较优势，充分利用了企业网络内部的各种资源。网络分工综合了专业化分工与一体化分工的优势：专业化分工是对产品的分解，使得网络成员以自己的核心能力参与到网络合作中来；一体化分工是产品生产不同工序之间的整合，以便生产出最终产品。

与传统的分工模式相比，网络化分工具有很多优势：第一，网络分工融合了纵向分工和横向分工的优势，它不是简单的劳动分工，而是基于企业核心能力与资源的分工；第二，传统分工的目的在于获得规模经济效益，而网络分工的目的在于满足人们的多样化需求，是以顾客价值为导向的；第三，传统分工是"先分后专"，即企业以效率为原则先分工，然后通过长时间的从事来实现专业化，而网络分工则是以核心能力为前提的分工，即先确定企业的能力，再进行分工；第四，传统分工是以产品生产过程的分解为基础的，而网络分工不仅包括分解过程，还包含在分解基础上的优化整合；第五，在传统分工理论中，分工与协调是相互融合的，分工是在协调的前提下进行的，而在网络分工中，企业之间的协调更为重要，这是企业网络的核心所在，即网络内部的合作。

（2）网络分工与规模经济

所谓规模经济，就是产出增加的比例大于投入增加的比例。在传统的经济理论中，规模经济是通过扩大产品的市场占有量、提高产出量来实现的。在企业网络当中，由于大量不同的企业组织到一起，所以能够吸引数量众多的消费者，进而带来产品需求量的增加和市场份额的扩大，最终使网络成员的业务量激增，实现单个成员企业的规模经济。企业网络之所以会导致规模经济，主要有两个方面的原因：一是生产规模的扩大降低了企业生产的成本；二是网络内部的学习效应提高了企业的生产效率，从根本上降低了企业进行产品生产的成本。

(3) 网络分工与范围经济

假设有三家成本结构不同的企业和三种产品 L、M、N。如果由这三家企业分别生产，则企业的成本函数分别为 $C(L,0,0)$、$C(0,M,0)$ 和 $C(0,0,N)$；如果三家企业结合起来共同生产这三种产品，则成本函数为 $C(L,M,N)$。如果成本函数之间的关系满足 $C(L,M,N)<C(L,0,0)+C(0,M,0)+C(0,0,N)$，则联合生产存在范围经济。企业网络当中的范围经济效应主要来自两个方面：一是网络中公共资源、设备投入、知识与技术的共享；二是网络成员的集体行动可以降低采购成本，扩大市场势力，获取经济利益。与规模经济强调网络成员的生产规模不同，范围经济的重点在于成员之间的合作，所以说范围经济的实现更好地体现了企业网络的优势。

8.1.2 柔性战略与竞争优势

"柔性战略是指组织为了应付环境的多变性，而主动适应变化、利用变化和制造变化以提高自身竞争能力而采取的一系列可选择的行动规则及相应方案。"[1] 组织的柔性战略主要包括以下五个方面。

(1) 资源柔性

资源柔性与资源刚性相对。所谓资源刚性就是指威廉姆森的资产专用性，资产专用性高则刚性大；资产专用性低则刚性小。在传统的企业生产中，企业为获得规模经济和竞争优势而进行专用性资产的投资，从而增加了企业资源的刚性，导致企业应对外界环境变化的能力有所降低，产生了一定的经营风险。而资源柔性则是通过降低资产、投资的专用性程度来扩大资源的适用范围，进而增强企业应变能力，提高企业的灵活性，增加企业的生存机会。企业网络与传统的组织形式相比企业之间的合作性更为突出，通过合作企业可以实现资源的共享，扩大资源的适用范围，降低企业的经营成本，增强网络组织的整体优势，能够更好地把握市场机会满足消费者需求。

---

[1] 余东华. 模块化企业价值网络 [M]. 上海：上海人民出版社, 2008：115.

(2) 能力柔性

能力是指企业运用各种资源完成一定目标的力量。能力柔性与资源柔性密不可分，资源刚性越强则企业完成任务的能力越单一。相反，则企业的能力能够实现多元化。企业为适应多变的经济环境，必须建立动态的能力机制，提高企业发现新资源、利用新资源的能力和应对紧急情况的能力。而在企业网络特别是虚拟企业这种组织形式内部存在一种应急机制，即能够响应突然出现的市场机遇或市场变化，通过调动各种网络资源来完成目标，提高企业能力的柔性。

(3) 组织柔性

"企业网络的组织柔性主要体现为人员的学习性、组织结构的可变性和组织过程的灵活性。"❶ 与传统的等级式的组织形式相比，企业网络内部的人员可以通过组织学习、交流信息和能力来提高其人员应对环境变化的能力。组织结构的可变性是指企业网络作为一种扁平化的组织形式，其边界是动态变化的，能够基于目标来调整组织的规模和结构，对环境有很强的适应能力。组织过程的灵活性指企业网络内部的协调机制是以任务或目标为标准的，选择的是完成目标的最优路径，以最优的方式处理各种组织关系。

(4) 生产柔性

在传统的生产方式中，企业进行的是流水线式的生产，即在较短的时间内生产大量单一品种的产品，这种生产模式的刚性很大，不能适应小批量多品种的现代化市场需求。而企业网络的出现使得即时化生产成为可能，企业能够根据市场机会调动各种资源组建虚拟企业进行个性化产品的生产。也就是说，企业网络更能适应多变的市场环境和多样的消费者需求。

(5) 管理柔性

在传统的等级式组织形式中，组织内部主要通过下达命令来进行管理。这种管理方式较机械、缺乏灵活性，但是对组织的控制能力很强，这是进

---

❶ 余东华. 模块化企业价值网络 [M]. 上海：上海人民出版社，2008：68.

行规模化大生产所需要的。然而，在个性化需求占主导地位的时代，这种集权式的管理方式极大地限制了企业的发展。而在网络组织内部实施的是一种民主管理，是一种分权管理，提高了管理的柔性。柔性管理的优势在于激励组织成员发挥自身优势，发掘自身潜力，调动成员的积极性和主动性，使其自发地参与到市场竞争中去。

"在企业网络的柔性战略中，资源柔性、能力柔性、生产柔性、组织柔性和管理柔性之间相互支撑、相互配合。"❶ 其中，资源柔性和能力柔性是基础；生产柔性是过程；组织柔性是载体；管理柔性是保障。企业为应对不断变化的外部环境，一方面要组建网络组织；另一方面就是不断提高企业网络内部的各种柔性，提高企业的灵活性。

8.1.3 组织学习与竞争优势

在企业网络当中，网络成员拥有的知识和能力存在较大的差异，通过网络成员之间可以实现知识的共享与能力的互补，因此，可以说，企业网络是企业之间实现相互学习的一种联盟。关于企业网络与组织绩效之间的关系可以从三个方面来进行分析。❷

（1）企业网络规模

企业网络规模指企业网络成员数量的多少。它受六个因素的影响：一是企业自身能力的高低。企业自身能力较强，则具有较强的执行力，那么它就不需构建大规模的网络组织，小范围的企业联盟便能达到相应的组织目标。二是企业的联盟管理能力。管理能力强的企业可以组建大规模的企业网络。三是网络的运转。高效的网络组织运行能吸纳较多的企业参与。四是风险偏好与风险厌恶。企业为规避风险可能会增加同一功能的网络成员，以确保任务的完成。五是网络组织的目标。如果追求的是规模经济，那么就应该建立小规模的网络；相反，如果企业的目标是建立某项标准，那么组织相当数量的企业参加网络便是必要的，借此可扩大标准的市场影

---

❶ 余东华. 模块化企业价值网络 [M]. 上海：上海人民出版社，2008：322.
❷ 王莉，杨蕙馨. 动态环境下的企业网络与组织学习关系模型 [J]. 山东社会科学，2008，22（11）：151-154.

响力。六是成本外化与收益内化的权衡。成本最小化与收益最大化往往是不可兼得的，如果网络组织的目标仅仅在于成本的分担，那么网络越大越好，但同时企业的收益也被分享，这就激励企业缩小网络规模。

根据社会网络理论的观点，主体之间的任何网络联系都会对其行为模式产生影响。所以，企业之间直接联系数目即企业网络规模的不同一定会对企业的行为方式产生影响。如果位于网络当中的企业能够通过网络与更多的其他企业进行充分的信息沟通与交流，那么企业之间的资源与信息就能实现共享。企业网络规模越大，企业之间的联系范围就越广泛，进而企业获得的差异性信息就越丰富。所以在规模较大的企业网络中，企业之间能够相互交流、相互学习，从而提高其经济效率。

（2）企业网络连带强度

企业网络连带强度指的是各个企业网络成员之间关联的紧密程度。连带强度由以下四个因素决定：对合作伙伴的时间投入量；对网络关系的感情投资；相互信任度；互惠服务。不同企业网络的连带强度是不同的。在水平化企业网络中，成员之间的连带强度比较大，联系密切，这种组织形式有利于企业之间知识的共享，提高企业的稳定性，获取规模经济；在垂直企业网络中，企业之间由于供需关系而建立了"强连带"，确保了原料的稳定供应和知识的交流；在方案式企业网络中，成员之间主要是共同开发市场、共同生产的关系，建立的连带强度是中等的；在标准化网络中，企业之间的连带一般较弱，只是通过技术的交叉许可而实现技术的标准化；在研发网络中，企业为保持与新技术的接驳和对新信息的优先获得而与众多的伙伴建立"弱连带"，例如，通过共同出资来进行技术研发，而对某一重大研发项目的共同管理则体现了成员之间中等强度的连带。

在连带强度较大的企业网络中，企业嵌入网络中的程度较深，也就是说企业之间的联系比较密切，交往比较频繁，进而企业之间的信任程度也就较高，这就非常有利于企业之间核心信息和知识的交换。因此企业网络连带强度的加强能够提高企业网络的组织学习能力，并最终提高企业的经济效益。

(3) 企业网络异质性

企业网络的异质性指的是企业网络内部成员之间在各个方面的差异程度，即企业网络成员之间相似性和相异性的高低。相似的网络成员在企业资源与知识结构等方面存在较大的重叠部分，而相异的网络成员则相反，知识与资源的冗余程度很低。在网络合作伙伴的选择过程中，企业往往倾向于与差异性企业建立合作关系。所以，在一般的企业网络中，企业之间的不同可以提高企业接触不同知识与信息的机会，增加发明与创新的概率，进而提高企业的学习能力和学习效果，即企业网络有利于组织学习的开展。

8.2 企业网络的发展

8.2.1 个性化需求与企业网络

在传统的工业化大生产中，企业追求的目标是产量的最大化和成本的最小化，所以企业不断追求生产方式的改进，特别是两次工业革命的发生极大地提高了企业的生产效率。企业这种取向的目的在于满足人们最基本的物质需要，但工业化的标准式生产牺牲了产品的多样性，这种生产方式是与当时的经济环境和人们的经济要求相适应的，所以工业化时代是生产者主权的时代，生产者决定生产什么，而消费者只能被动地选择"买"或者"不买"。企业无须考虑消费者的个性化需求，只需要提供标准化的产品就能获得经济利润，企业的根本在于降低生产成本。然而，在20世纪80年代，由于经济、科学技术的发展，消费者不再满足于被动地接受标准化的产品，而是基于自身偏好定制个性化的产品。企业面临的生产任务不是产品的数量，而是产品的种类，只有及时地生产个性化的产品，企业才能在当今的时代生存下去。

企业在面对需求和市场的不确定性时，必须提高自身的柔性和快速的反应能力。柔性组织比较适合急剧变动的环境，而刚性组织则适合稳定的环境。传统的一体化企业是一种刚性组织，适合工业化大规模生产，而企业网络是一种柔性较强的组织形式，比较适合个性化产品的生产。在个性化需求占主导地位的经济时代，企业需要生产小批量、多种类的产品。如果按照传统企业的生产方式来扩大企业的经营范围无疑会提高企业的固定资产投资水平，而且，由于不同产品的需求数量有限，并不能实现规模经济。所以，企业生存的关键在于如何低成本地生产多样化的产品，企业网络能够满足这一需求。每个企业网络成员只关注核心竞争能力的发掘，提高专业化生产水平。当出现市场机会时，网络成员之间就会按照产品生产的要求自动结合到一起来完成产品的及时生产，然后解散。企业网络成员的这种动态结合在虚拟企业中体现得最为突出。虚拟企业的运行过程包括七个环节。❶

虚拟企业产生的第一个环节在于发现市场机遇，这是组建虚拟企业的起点，一般发现市场机会的企业便是此次组建网络过程中的核心企业；第二个环节是分析相关产品的特征，了解产品的生产需要哪种核心资源与能力，如何为消费者提供及时、合格的个性化产品；第三个环节是核心企业对自身能力的评价过程，找到自身能力与产品生产需求能力之间的差距，为下一环节合作伙伴的选择提供依据；第四个环节是企业网络合作伙伴的选择，这一环节在网络的组建及任务的完成中是非常关键的，所以核心企业必须根据产品生产的需要来考察备选成员企业的资源状况、管理水平及其核心竞争能力；第五个环节是虚拟企业的建立，即确定虚拟企业的组织结构、利益分享机制、应急机制、管理制度等各种规章制度；第六个环节是虚拟企业的管理，即个性化产品的生产过程，在该过程中必须保持核心企业、成员企业和消费者之间信息的充分交流；第七个环节是虚拟企业的解散，即任务完成以后虚拟企业按照协议自动解散，然后寻找新的市场机遇。可见，虚拟企业是一种动态的联盟方式，它能够应对多变的市场环境和市场需求，即消费者个性化的需求促使了企业网络组织形式的出现和发展。

8.2.2 信息通信技术与企业网络

20世纪中叶，科学技术发展非常迅速，科技与知识成为推动生产力发

---

❶ 刘东. 企业网络论 [M]. 北京：中国人民大学出版社，2004：42.

展的主要力量。尤其是信息通信技术与网络技术的发展与成熟，不但造就了一个全新的产业，更对协调经济活动的企业组织产生了根本性的变革：企业从传统的科层式模式逐渐向扁平化、网络化组织形式转变。信息通信技术对企业网络的促进作用主要通过以下三个方面来实现。

第一，信息通信技术的发展降低了企业之间的沟通成本。在现代化通信技术出现之前，企业之间进行交流的工具比较单一、缓慢，这就导致联系的企业数量有限，而且联系并不紧密，即企业之间进行沟通的成本很高。而通信技术的迅速发展突破了这一障碍，企业之间可以低成本、高效率地进行信息、情报、知识与技术的交流，这为企业建立更为广阔的联系奠定了基础。沃尔玛作为全球闻名的超市连锁企业将信息通信技术进行了充分应用。它与众多的产品供应商建立了企业网络，并联合开发出现代化的信息通信系统。该系统将沃尔玛超市中产品的销售情况通过订单与供应商联系起来：当某种产品由于某种原因而畅销，进而导致库存量急剧下降时，如果库存量低于某一数值，那么信息通信系统就会自动向供应商发出订单信息进行补货。供应商则按照订单要求及时供应货物，保证超市的正常销售。信息通信技术使得企业之间的联系空前密切，企业网络成为企业发展与壮大的战略选择。

第二，信息技术的发展导致产品的生命周期缩短。科学技术的发展和更替速度与产品的更新换代是正相关的。在传统的工业化大生产时期，科学技术的更新往往需要几十年甚至上百年的时间，如两次工业革命发生就间隔了一个多世纪，也就是说每种科学技术的存续时间很长，与其相应的产品的生命周期也就很长。而在信息技术盛行的今天，快速发展的科学技术导致产品的生命周期大大缩短，特别是在高新技术行业，比如：硬盘大约只需半年左右就会更新一代。英特尔公司的创始人摩尔提出摩尔定律："器件尺寸缩小 n 倍，芯片功能和性能提高 n 的平方倍；每18个月芯片上集成的器件数目增加1倍。"[1] 产品生命周期的大幅度缩短使得企业在独自应对产品的研发和生产时力不从心，企业网络成为必然选择。

---

[1] 李维安. 网络组织：组织发展新趋势 [M]. 北京：经济科学出版社，2003：19.

第三，技术的快速更替和产品生命周期的缩短导致企业面临的风险加大。企业在进行产品的生产时主要面临三个方面的风险：研发风险、需求风险和竞争风险。在快速经济时代，由于技术的更新速度很快，企业在进行研发投资时的不确定性增加，往往把技术研发出来之后就面临被淘汰的命运，根本不能收回成本。而且，一项新技术的研发成本很高，单个企业一般很难承担，比如：开发一种全新的飞机发动机需要15亿美元；设计与制造4兆位随机存储器需要20亿美元。此外，企业所面临的市场中的需求风险和竞争风险也由于产品生命周期的缩短而加大。企业规避风险最为简单的方式就是多个企业共同分担风险，而企业网络能够满足这一需求。

8.2.3 知识经济与企业网络

所谓知识经济，就是指知识作为一种抽象的要素在经济活动中充当重要的角色，主要体现在：在企业的产品生产过程中，各种生产要素的科技含量不断增加；在企业的管理过程中，知识型管理逐渐占据主导地位。而最早将知识作为经济社会活动分析对象并从知识角度来解读各种现象的经济学家和社会学家是奥地利学派的重要代表人物哈耶克。哈耶克（2000）在其代表性著作《知识在社会中的运用》中对决策权力的分配与知识的分布这两者间的关系进行了深入的分析论证，他认为二者应该相互匹配，即把决策权赋予拥有相关知识或者信息的人，只有如此才能提高决策的科学性、合理性和高效性。哈耶克关于知识的思想充分体现了他对知识的尊重，从侧面反映出他对集权的极度厌恶。20世纪末，迈克尔·詹森（Michael Jensen，2011）继哈耶克之后对知识作出了进一步的发展，他认为知识分为专门知识和通用知识，而区别两种知识的标准是转移成本的高低：如果知识在委托人与代理人之间进行转移的成本很高，则这种知识就是专门知识；如果知识在委托人和代理人之间进行转移的成本较低，则这种知识就是通用知识。

决策权与知识的契合方式在不同的经济组织形式中表现出不同的形态。在传统的市场经济当中，两者之间的匹配是自动完成的，即通过斯密"看不见的手"来调节的。哈耶克认为，市场经济当中的价格体制不仅能够对各种生产要素与资源进行协调,而且对知识的配置也能够起到很好的作用。哈耶克假设市场能够自动地将经济活动的决策权转移给拥有相关知识的代理人,而代理人也能够恰当地作出经济决策。詹森发展了哈耶克的知识理论,他把决策权和知识之间的单向流动关系发展为双向关系,即二者结合的方式有两种:一是把决策权转移给拥有相关知识的代理人;二是把知识转移给拥有决策权力的人。由于知识分为专门知识和通用知识,所以这两种类型的知识与决策权力的结合方式是截然不同的:由于专门知识的转移成本很高,所以在一般情况下是把决策权力赋予拥有相关专门知识的代理人;相反,因为通用知识的转移成本较低,所以会通过转移通用知识来完成与决策权力的结合。这种差别在现实的经济生活中也有所体现,比如:在高科技行业,即专门知识聚集的行业,企业决策权力更多表现为分散化;而在传统的行业中,由于通用知识较多,所以企业更多表现出权力的集中。但不管是专门知识还是通用知识,在市场经济当中,决策权力与知识结合的方式均是通过权利的买卖来实现的,因为在市场中进行交易的不是商品本身,而是依附商品之上的各种权利。市场价格体系的存在可以自动调节决策权力与知识之间的相对价值,并通过各自的市场价格体现出来:假设知识转移的成本很高,即知识的专业性很强,那么拥有相关专门知识的人就会通过购买决策权来实现决策权与知识的结合;相反,则是拥有决策权力的人花费资源与时间去获得相关知识。总之,市场经济中的个体能够通过自己的优化行为来自动地促使决策权力与知识的结合。

企业作为协调经济活动的一种方式,最早是由科斯提出并揭示其本质的。科斯(1973)认为,企业是对市场的一种代替,市场产生的是交易成本,企业产生管理成本。当市场发展到一定规模时,交易费用增加,进而通过市场来完成所有的经济活动并不是最优的,企业便应运而生。所以,企业是"经济人"追求最大化利润和最小化成本的产物。企业组织与市场最大的区别在于其内部的科层式管理,企业的员工并不能像市场组织那样自由地交易自己的决策权,即不能随意地变换自己的职位,而能够改变的只是执行决策权力的拥有不同知识的代理人。企业正式通过代理人的更替来调动其工作的积极性,提高其工作的效率,这是企业的本质特征。由此可见，企业缺乏一种自动的决策权分散化机制，所以企业的集权与分权需要人为地确定边界。由于人的有限理性，企业的所有者不能无限制地集权，而必须确定集权或分权的最优边界，以此来实现决策权和知识的最优结合，创造出最大的经济利润。集权与分权是两个相反的过程：集权将决策权力集中于少数几个人，这会导致信息成本的上升和代理成本的下降；分权将决策权力分散于多人，这会导致代理成本的上升和信息成本的下降。所以企业是集权还是分权取决于信息成本和代理成本的比较，也就是说在什么情况下这两种成本之和达到最小值，在这种状态下企业的集权或分权是最优状态，企业的组织成本实现了最小化。

人是唯一具有能动性的生产要素，因此，在知识经济时代，经济活动的参与人受到了最为明显的影响，突出表现在企业当中知识化的员工不断增加，员工一般都受过比较良好的教育并拥有专门知识。这就说明将企业的决策权力转移给一线的工作人员是一种理性的选择。授权不仅有利于提高员工的工作效率，而且可以提高管理者的管理幅度，减少企业的管理层次，形成了一种扁平化的组织。企业网络便是扁平化组织的一种。在企业网络中，作为节点的企业拥有不同的专门知识或信息，对市场环境或市场机会的变化能够作出及时快速的反应，所以决策权的下放能够使企业抓住市场机会，获得经济利益。知识经济使得知识更加专门化、分散化，根据哈耶克"决策权必须与知识相互匹配"的原则，相关的决策权力也必须不断分散、下放，以促使决策权力与知识的完美结合，而企业网络是一个不错的选择。

小　结

企业网络伴随着网络经济的繁荣逐渐在当今的经济活动中占据主导地位，成为一种协调经济活动的主要组织形式。企业网络与传统的市场和企业相比具有明显的竞争优势，它一方面保持了市场机制的灵活性，另一方面汲取了企业组织的控制性，即在灵活性和控制性之间找到了完美的均衡点，而均衡点的动态变化则体现为不同企业网络形态的演变与发展。首先，企业网络具有明显的分工优势。传统的分工理论主要包括不同生产环节的纵向分工和不同区域的横向分工，这两种分工方式是企业之间合作的传统方式，虽然具有一定的优势，但是已经赶不上经济发展的步伐。相反，网络分工则顺应了经济的发展，是一种更为细致的分工，是经济体系的结构化表现。所以，企业网络在更高的层次上实现了规模经济和范围经济，极大地提高了企业的生产效率。其次，企业网络组织有利于企业柔性战略的实施。资源柔性实现了企业之间资源的共享；能力柔性扩展了企业的能力范围；组织柔性提高了企业的灵活性；生产柔性增强了企业满足消费者个性化需求的能力；管理柔性激发了企业内部员工的工作积极性。此外，企业网络的构建也有利于组织学习。由于网络成员之间的差异性和成员数量的规模性，更新的、更多的信息与知识能够在网络中流动，进一步提高了网络成员自身的能力与素质。

企业网络的繁荣不仅由于其自身具有各种优势，外在经济与社会环境的变化也对企业网络的发展起到了重要的推动作用。个性化需求的大量涌现是企业网络产生的经济基础；通信和网络等科学技术的发展为企业网络的成长提供了技术支持；知识经济的出现则是企业网络繁荣的社会背景。

第9章 结论、不足及后续研究问题

9.1 主要结论

（1）企业网络成为协调经济活动的主导方式。伴随经济、社会的演变与发展，企业嵌入企业网络当中的程度不断加深。对企业的认识不能停留在把它视为一个单一的经济实体上，而应该进一步考虑企业背后的企业联盟、虚拟企业等不同具体形式的企业网络，因为这些才是一个企业真正实力的体现，也就是说一个企业的能力不仅体现在自有资源的多寡上，更体现在它能够调动多少资源上。事实上，企业网络在现代经济体系当中的重要地位不断凸显，进而已经成为一种独立的与市场和企业并行的经济活动组织形式。协调经济活动的主要形式已经不是传统的市场或科层组织，而是企业网络。

（2）企业网络的产生和发展有着其独特的经济和社会背景。首先，随着经济的自由化和国际化，企业之间的联系不断加深，企业网络的建立不仅有利于企业获得外部的知识和资源，而且对降低企业的经营成本也有很大的好处。其次，激烈的市场竞争环境迫使企业必须提高生产与管理效率，把有限的资源用在最具优势与竞争力的环节上，所以企业网络的出现解决了这一问题，增强了企业的竞争能力，扩大了企业的经营领域。最后，组织与管理的创新也需要企业网络。传统的科层式管理或市场式管理均是两种极端的协调机制，不适用于企业之间网络关系的管理，所以网络作为一种折中的管理工具和方法能更好地适应网络经济环境。

（3）企业网络的形成源于企业行为，而企业行为与人类行为具有很大的相似性。人类行为具有目的性、相互性、竞争性与合作性，企业行为则表现为对利润最大化的追求、企业之间的激烈竞争、企业之间的联盟与合作。所以从人类行为入手，分析企业网络内在的行为学基础是合理的和必要的。在新古典经济学中，人被假定为只是追求自身利益的"经济人"，且偏好具有稳定性。所以在分析宏观经济现象时，新古典经济学家从中抽象出关键变量并建立相关理论模型，然后借助筛选的简化数据对模型进行实证检验。这种对经济现象的高度简化以人类行为的不合理假设为前提。与新古典经济学不同，奥地利学派以真实的人类行为作为出发点，从中总结出最一般的公理，然后通过公理来解释复杂的经济现象。针对企业网络分析可以从基本的企业行为入手：人类行为的目的性在企业网络中表现为企业基于不同的经济目的而选择不同的网络类型；人类行为的相互性则表现为企业网络成员之间的竞争与合作，不管企业之间的行为是竞争的还是合作的，均可以导致企业网络的产生。

（4）非合作博弈与合作博弈均可导致合作结果，即企业网络的产生。人类行为包括竞争性与合作性，而企业之间的行为同样包括竞争性与合作性两个方面。通过企业之间的博弈分析发现，以竞争性为基础的无约束非合作博弈和以合作性为基础的有约束合作博弈均可以产生合作的结果，即企业网络的产生，而且不管是非合作博弈还是合作博弈，都可以从三个方面入手来促进合作结果的产生：一是提高贴现因子的值，即增加未来对现在收益的影响程度；二是改变企业博弈收益的可能值，即通过政府的外在干预去影响企业在竞争与合作中的收益值，使不稳定的合作变成稳定的纳什均衡；三是道德和法律的干涉，即通过群体内的道德这种非正式制度和法律这种正式制度来约束企业的行为，促进合作行为的产生。

（5）企业网络作为一种经济机制并非一成不变的，而企业也面临着网络类型的动态选择。企业网络伴随着行业的发展而不断演变；在行业发展初期，企业网络更多地表现为研发网络；在行业发展成熟期，则表现为纵向网络的盛行；在行业衰退期，企业之间构建的则更多是横向网络。不同的网络具有不同的功能，能够帮助企业达到不同的经济目标：研发网络有助于企业分担开发新技术的风险与成本，便于企业的生存与成长；标准化网络有助于企业建立行业标准，占据市场主导地位；纵向网络有助于企业提高供应链效率，专注核心竞争力；方案网络有助于提高企业的灵活性，满足消费者的个性化需求；横向网络有助于企业扩大市场势力，延长企业的生命周期。不同的网络类型具有不同的功能与特征，服务于不同的经济目的。企业在进行网络化之前必须清楚界定组织的目标，进而选择合适的网络类型，这也是网络化策略的首要一步。

(6) 不同的网络成员角色具有不同的优势与劣势，企业则基于利益的最大化来定位网络角色，而企业选择之间的相互作用最终导致不同企业网络的形成，即有的以竞争者为主，而有的以合作者为主。企业网络成员类型包括一般成员、连接者和指挥者三种不同的角色：一般成员具有能够及时获得信息和避免机会主义的优势，同时面临类似成员众多而容易被替换的风险；连接者具有能够接触各种信息和对冲风险的优势，同时面临缺乏信任和频繁更换合作伙伴的不足；指挥者具有能够接触核心成员与信息的优势，同时面临着重大的责任和繁重的管理任务。企业选择网络角色的标准在于哪种角色能够在网络组织中获得更大的经济利益，而单个企业的这种对自身经济利益的考虑通过企业之间的相互作用形成了具有不同网络内部特征的企业网络，这是微观的企业行为在宏观企业网络上的随机表现。企业网络的最终演化结果则取决于企业所面临的诱惑和惩罚。在面临的诱惑大于惩罚的行业中，企业网络成员对网络收益进行的是竞争性瓜分，也就是说企业定位于竞争型成员。相反，在诱惑小于惩罚的行业中，企业网络成员则呈现出一种混合状态：既有竞争型的成员，又有合作型的成员。在这种多态均衡中，如果诱惑相对来说较大，则均衡中竞争型成员较多，以大企业为主。反之，则以小企业为主。

(7) 企业网络的构建是个系统工程，需要考虑多个变量的取值。在构建具体的企业网络过程中，主要考虑五个变量：连带强度、网络规模、成员类型、治理方式以及网络密度。不同的网络类型，网络结构变量的大小也就不同：连带强度在横向网络和纵向网络中最强，而在研发网络和标准化网络中最弱；网络规模在横向网络中最小，而在研发网络中最大；成员类型在横向网络、标准化网络中是相似的，而在方案网络和一些研发网络中是相异的；治理方式在横向网络中是集中式的，而在研发网络和方案网络中则是分散式的；网络密度在横向网络、方案网络和标准化网络中较高，而在一些研发网络中较低。企业在构建自己的网络过程中必须结合自己所选择的网络类型来进行，根据不同的网络类型来确定网络结构变量的取值。只有如此，企业才可以利用有限的资源构建出合适、高效的企业网络，并达到自己构建企业网络的经济目标。

（8）企业网络具有明显的竞争优势，且发展前景广阔。首先，企业网络具有明显的分工优势。网络分工与传统的横向分工和纵向分工相比，是一种更为细致的分工，是经济体系的结构化表现。其次，企业网络组织有利于企业柔性战略的实施，主要包括资源柔性、能力柔性、组织柔性、生产柔性和管理柔性。企业网络的构建也有利于组织学习。当今世界是个性化需求不断涌现、科学技术快速更替以及知识经济日益繁荣的社会，企业网络组织形式的出现适应了时代的需求，也必将持续繁荣下去。

企业网络或企业联盟是一个充满活力、充满能量而又包含自我分裂的有机体，扩张和瓦解都可能是它的命运，但是，相对于单打独斗的低级生存状态，通过网络或联盟共同创造、共同分享机会与价值仍然是个体值得努力的方向。

9.2　不足及后续研究问题

本书在写作过程中，虽然对企业网络的产生背景、企业网络的人类行为学基础、企业网络的形成机理、企业网络的演变、企业网络成员的定位、企业网络的构建以及企业网络的竞争优势与发展前景进行了系统、深入的分析，并取得了一定的研究成果，但关于上述企业网络问题的研究仍然存在许多有待进一步探讨的地方。

（1）本书的分析主要集中在企业网络纵向演变的角度上，研究了企业网络的演变、企业网络的定位以及企业网络的构建，虽然在逻辑上保持了前后的一贯性，但是对横向角度的扩展不够深入，有待进一步发掘。

（2）在企业网络成员的定位这一章，本书以进化博弈为分析手段，研究了不同网络成员之间的相互作用及最终的演化结果。虽然对网络演化的过程进行了仔细分析，但有关网络成员类型的假设有些理想化，后续可以进行复杂化的研究。

（3）本书的论证过程主要是理论分析，所以缺乏相关数据的支持和实证检验。虽然实证思想是奥地利学派所反对的，但是通过相关数据的检验在一定程度上能够更好地说明企业网络问题。

总而言之，尽管在本书的准备、构思、写作、修改与再修改过程中，笔者已经竭尽全力，但由于自身能力有限，本书的分析与研究仅仅是探索性的，存在诸多不足，希望后续研究能改进。

参考文献

[1] 阿克塞尔罗德. 合作的复杂化[M]. 梁捷, 高笑梅, 等译. 上海: 上海人民出版社, 2017.

[2] 柏拉图. 理想国[M]. 郭斌和, 张竹明, 译. 北京: 商务印书馆, 1986.

[3] 波特. 竞争优势[M]. 陈小悦, 译. 北京: 中国财经出版社, 1998.

[4] 波特. 竞争战略[M]. 陈小悦, 译. 北京: 中国财经出版社, 1998.

[5] 布劳格. 经济学方法论[M]. 黎明星, 陈一, 译. 北京: 北京大学出版社, 1990.

[6] 陈博. 资产专用性、机会主义行为与纵向一体化: 基于中澳铁矿石价格谈判的实证研究[J]. 经济与管理研究, 2010, 31 (10): 109-114.

[7] 德索托. 奥地利学派: 市场秩序与企业家创造性[M]. 朱海就, 译. 杭州: 浙江大学出版社, 2010.

[8] 段文斌. 企业的性质、治理机制和国有企业改革[M]. 天津: 南开大学出版社, 2003.

[9] 段文斌. 制度经济学: 制度主义与经济分析[M]. 天津: 南开大学出版社, 2003.

[10] 杜尔劳夫, 阿吉翁. 增长经济学手册[M]. 冯科, 胡怀因, 译. 北京: 经济科学出版社, 2020.

[11] 格兰多里. 企业网络: 组织和产业竞争力[M]. 刘刚, 罗若愚, 祝茂, 等译. 北京: 中国人民大学出版社, 2002.

[12] 郭劲光. 企业网络理论研究：对一种新解释范式的探索[D]. 大连：东北财经大学, 2005.

[13] 侯广辉. 不确定性条件下的企业边界战略[J]. 云南社会科学, 2009, 39(1)：94-98.

[14] 杰克逊. 社会与经济网络[M]. 柳茂森, 译. 北京：中国人民大学出版社, 2011.

[15] 今井贤一, 小宫隆太郎. 现代日本企业制度[M]. 陈晋, 随清远, 等译. 北京：经济科学出版社, 1995.

[16] 金碚. 竞争力经济学[M]. 广州：广东经济出版社, 2003.

[17] 卡尔顿, 佩洛夫. 现代产业组织[M]. 4版. 胡汉辉, 等译. 北京：中国人民大学出版社, 2009.

[18] 卡斯特. 网络社会的崛起[M]. 夏铸九, 译. 北京：社会科学文献出版社, 2006.

[19] 凯恩斯. 就业、利息和货币通论[M]. 金华, 译. 上海：立信会计出版社, 2017.

[20] 康芒斯. 制度经济学[M]. 于树生, 译. 北京：商务印书局, 1962.

[21] 克劳奈维根. 交易成本经济学及其超越[M]. 朱舟, 黄瑞虹, 译. 上海：上海财经大学出版社, 2002.

[22] 勒维斯. 非摩擦经济：网络时代的经济模式[M]. 卞正东, 王宇, 王志娟, 等译. 南京：江苏人民出版社, 1999.

[23] 李成刚. 从AT&T到微软：美国反垄断透视[M]. 北京：经济日报出版社, 2004.

[24] 李新春. 企业联盟与网络[M]. 广州：广东人民出版社, 2000.

[25] 林金忠. 企业组织的经济学分析[M]. 北京：商务印书馆, 2004.

[26] 林润辉. 网络组织与企业高成长[M]. 天津：南开大学出版社, 2004.

[27] 刘怀德. 不确定性经济学研究[M]. 上海：上海财经大学出版社, 2000.

[28] 罗卫东, 姚中秋. 中国转型的理论分析：奥地利学派的视角[M]. 杭州：浙江大学出版社, 2009.

[29] 罗仲伟. 网络组织的特性及其经济学分析[J]. 外国经济与管理, 2000, 22(3)：13-18.

[30] 科马里. 信息时代的经济学 [M]. 姚坤, 何卫红, 译. 南京: 江苏人民出版社, 2000.

[31] 马歇尔. 经济学原理 [M]. 朱志泰, 陈良璧, 译. 北京: 商务印书局, 1962.

[32] 米塞斯. 货币、方法与市场过程 [M]. 戴忠玉, 刘亚平, 译. 北京: 新星出版社, 2007.

[33] 纽伯里. 网络型产业的重组与规制 [M]. 何玉梅, 译. 北京: 人民邮电出版社, 2002.

[34] 配第. 政治算术 [M]. 陈冬野, 译. 北京: 商务印书馆, 2014.

[35] 齐默尔曼. 经济学前沿问题 [M]. 申其辉, 孙静, 周晓, 等译. 北京: 中国发展出版社, 2004.

[36] 钱德勒. 看得见的手: 美国企业的管理革命 [M]. 重武, 译. 北京: 商务印书馆, 1987.

[37] 钱德勒. 企业规模经济与范围经济: 工业资本主义的原动力 [M]. 张逸人, 译. 北京: 中国社会科学出版社, 1999.

[38] 钱平凡. 组织转型 [M]. 杭州: 浙江人民出版社, 1999.

[39] 秦斌. 企业战略联盟理论评述 [J]. 经济学动态, 1998, 39 (9): 63-66.

[40] 萨缪尔森, 诺德豪斯. 经济学 [M]. 萧琛, 译. 18版. 北京: 人民邮电出版社, 2008.

[41] 施蒂格勒. 产业组织和政府管制 [M]. 潘振民, 译. 上海: 上海人民出版社, 1989.

[42] 泰勒尔. 产业组织理论 [M]. 马捷, 等译. 北京: 中国人民大学出版社, 1997.

[43] 王军. 现代奥地利学派研究 [M]. 北京: 中国经济出版社, 2004.

[44] 王文举. 博弈论: 应用与经济学发展 [M]. 北京: 首都经济贸易大学出版社, 2004.

[45] 王雨田. 控制论、信息论、系统科学与哲学 [M]. 北京: 中国人民大学出版社, 1986.

[46] 陈郁. 企业制度与市场组织: 交易费用经济学文选 [M]. 上海: 上海人

民出版社，2006.

[47] 乌家培. 信息经济与知识经济 [M]. 北京：经济科学出版社，1999.

[48] 乌家培. 网络经济及其对经济理论的影响 [J]. 学术研究，2000，43 (10)：5-11.

[49] 夏皮罗，瓦里安. 信息规则：网络经济的策略指导 [M]. 孟昭莉，牛露晴，译. 北京：中国人民大学出版社，2000.

[50] 萧琛. 全球网络经济 [M]. 北京：华夏出版社，1998.

[51] 谢伊. 网络产业经济学 [M]. 张磊，译. 上海：上海财经大学出版社，2002.

[52] 熊彼特. 经济发展理论 [M]. 何畏，易家详，等译. 北京：商务印书馆，2020.

[53] 叶祥松. 国有公司产权关系和治理结构 [M]. 北京：经济管理出版社，2000.

[54] 叶祥松. 现代企业前沿问题研究 [M]. 北京：经济科学出版社，2004.

[55] 于良春. 自然垄断与政府规制 [M]. 北京：经济科学出版社，2001.

[56] 詹森. 组织战略的基础 [M]. 孙经纬，译. 上海：上海财经大学出版社，2011.

[57] 张其仔. 新经济社会学 [M]. 北京：中国社会科学出版社，2001.

[58] 张五常. 经济解释 [M]. 北京：商务印书馆，2000.

[59] 张昕竹等. 网络产业：规制与竞争理论 [M]. 北京：社会科学文献出版社，2001.

[60] 植草益. 微观规制经济学 [M]. 朱绍文，胡欣欣，等译. 北京：中国发展出版社，2000.

[61] AUDRETSCH D B, KEILBACH M. Entrepreneurship capital and economic performance [J]. Regional studies, 2004, 38 (8)：949-959.

[62] BAUM J, CALABRESE T, SILVERMAN B. "Don't go it alone: alliance network composition and start ups" performance in Canadian biotechnology [J]. Strategic management journal, 2000, 20 (3)：267-294.

[63] BINMORE K. A note on backward induction [J]. Games and economics behavior, 1996, 17 (1)：135-137.

[64] BRANDENBURGER A M, NALEBUFF B J. Co-opetiton [M]. New York: Currency Doubleday, 1997.

[65] CASTELLS M. The Rise of the network Society [M]. Oxford: Blackwell Publishers, 1996.

[66] CHANDLER A D. The visible hand [M]. Cambridges Mass: The Belknap Press of Harvard University Press, 1977.

[67] COLEMAN J. Foundations of social theory [M]. Cambridge Mass: Harvard University Press. 1990.

[68] APD M, STIENSTRA M, VOLBERDA H. E-partnering: moving bricks and mortar online [J]. European management journal, 2002, 20 (4): 329-339.

[69] APD M, VANDER H, GRURT D. Competing for partners [M]. Amsterdam: Prentice-Hall, 2000.

[70] APD M. Organization for competitiveness [M]. Delft: Eburon, 1996.

[71] DUYSTERS M, VASUDEVAN A. The allianced enterprise [M]. Singapore: Imperial College Press, 2001.

[72] DYER J H. Collaborative advantage [M]. Oxford: Oxford University Press, 2000.

[73] FOLLMER H. Random economics with many interacting agents [J]. Journal of math-ematical economics, 1974, 1 (1): 51-62.

[74] FREEMAN L C. Centrality in social networks: conceptual clarification [J]. Social network, 1979, 6 (1): 215-239.

[75] GAWER A, CUSUMANO M A. Platform leadership [M]. Boston: Harvard Business School Press, 2002.

[76] GRABHER G. The weakness of strong ties, in: the embedded firm [M]. London: Routledge, 1993.

[77] GREEN W H. Econometric analysis [M]. New Jersey: Prentice Hall International Inc, 2002.

[78] GULATI R, NOHRIA N, ZAHEER A. Strategies network [J]. Strategic management journal, 2000, 21 (3): 203-215.

[79] GULATI R. Does familiarity breed trust? The implications of repeated ties for

contractual choice in alliances [J]. Academy of management journal, 1995, 38 (1): 85-112.

[80] HART O. Firm, contract and financial structure [M]. Oxford: Oxford University Press, 1995.

[81] JARILLO J. C. On strategic network [J]. Strategic management journal, 1988, 9 (9): 31-41.

[82] JOHN M, YUMING W. Network effects and the impact of free goods: an analysis of the web server market [J]. International journal of electronic commerce, 1999, 4 (3): 67-88.

[83] KALMBACH C, ROUSSEL C. Dispelling the myth of alliance [M]. New York: Andersen Consulting, 1999.

[84] KIRZNER I. Competition and entrepreneurship [M]. Chicago: University of Chicago Press, 1978.

[85] LAWRENCE P, LORSCH J. Organization and environment: managing differentiation and integration [M]. Boston: Harvard Business Press, 1986.

[86] MILES R, SNOW C. The new network firm [J]. Organizational dynramics, 1995, 23 (4): 5-18.

[87] NELSON R. National innovation systems [M]. Oxford: Oxford University Press, 1993.

[88] NICHOLAS E, MITCHELL M. Dynamic oligopoly with network effects [M]. New York: New York University Press, 2004.

[89] NICHOLAS E, SKRZYPACZ A. Standards coalitions formation and market structure in network industries [M]. New York: New York University Press, 2003.

[90] NICHOLAS E. Compatibility and the ceation of shared networks, electronic services networks: a business and public policy challenge [M]. New York: Praeger Publishing Inc, 1991.

[91] NICHOLAS E. Competition policy in network industries: An Introduction [M]. New York: New York University Press, 2004.

[92] NICHOLAS E. Pricing of complementary goods and network effects [M]. New York: New York University Press, 2005.

[93] NICHOLAS E. The incentive for vertical integration [M]. New York: New York University Press, 2005.

[94] PORTER M. The competitive advantage of nations [M]. London: MacMillan Press, 1990.

[95] POWELL W. Neither Market nor Hierarchy: Network Forms of Organization [J]. Research in organizational behavior, 1990, 10 (12): 295-336.

[96] ROBERT P. Business alliances guide: the hidden competitive weapon [M]. New York: John Wiley & Sons, 1993.

[97] RUMELT R. Strategy, structure and economic performance [M]. Cambridge: Harvard University Press, 1974.

[98] SCOTT J. Social network analysis: a handbook [M]. London: SAGE Publications, 2000.

[99] SHAPIRO C, VARIAN H. Information rules [M]. Boston: Harvard Business School Press, 1999.

[100] SHY O. Industrial organization: theory and applications [M]. Cambridge MASS: the MIT Press, 1996.

[101] SPEKMAN R, ISABELLA L. Alliance competence [M]. New York: John Wiley & Sons, 2000.

[102] STANGO V. The economics of standards wars [J]. Review of network economics, 2004, 3 (1): 1-13.

[103] VANDER H. Strategic sourcing and partnerships [M]. Amsterdam: Addison Wesley, 1999.

[104] VANWEELE A. Purchasing and supply China management [M]. London: Thomson, 2002.

[105] VARIAN R, FARRELJ, SHAPIRO C. The economics of information technology: an introduction [M]. Cambridge Mass: Cambridge University Press, 2004.

[106] WASSERMAN S, KATHERINE F, IACOBUCCI D, GRANOVETTER M. Social network analysis: methods and applications [M]. Cambridge University Press, 1994.

[107] WILLIAMSON O. Markets and hierarchies: analysis and antitrust implication

[M]. New York: The Free Press, 1975.

[108] WILLIAMSON O. The economic institution of capitalism [M]. New York: The Free Press, 1975.

[109] YOSHINO, MICHAEL Y. Strategic alliances: an entrepreneurial approach to globalization [M]. Boston: Harvard Business School Press, 1995.